GUIDE DU VOYAGEUR

A

NOIRMOUTIER

PAR

LE Dr VIAUD-GRAND-MARAIS

[illegible] ÉDITION AVEC CARTES ET GRAVURES

NANTES,
Mme Vve C. MELLINET, IMPRIMEUR, PLACE DU PILORI, 5,
L. MELLINET ET Cie, SUCCrs.

GUIDE DU VOYAGEUR

A NOIRMOUTIER

4e ÉDITION.

Les gravures de cette édition, reproduites d'après les dessins de M. G. Girault, sont extraites de l'ouvrage intitulé : Paysages et Monuments du Poitou, *par Jules Robuchon.*

Cette importante publication, ornée d'héliogravures, se vend 5 fr. la livraison, à Fontenay-le-Comte, chez M. Robuchon, et à Paris, rue Mignon, 2, à la Société des Imprimeries réunies.

Les articles Ile d'Yeu *et* Noirmoutier, *réunis sous le titre d'*Iles Vendéennes, *se trouvent à Noirmoutier chez M. Bertrand, Grande-Rue, où l'on peut se procurer séparément les héliogravures.*

A[SE] V. G. M. PHOT. PEIGNÉ, TOURS.

VUE DE LA VILLE DE NOIRMOUTIER

Prise du Port

GUIDE DU VOYAGEUR

A

NOIRMOUTIER

AVEC CARTE ET GRAVURES

PAR

LE Dr VIAUD-GRAND-MARAIS

PROFESSEUR A L'ÉCOLE DE MÉDECINE DE NANTES,
MEMBRE DE LA SOCIÉTÉ D'ÉMULATION DE LA VENDÉE

4e ÉDITION.

NANTES

Mme Vve C. MELLINET, IMPRIMEUR, PLACE DU PILORI, 5,
L. MELLINET ET Cie, SUCCrs.

1892

GUIDE DU VOYAGEUR

Noirmoutier, l'ancienne île d'*Her* (*Héro* ou *Hério*), appelée par le peuple *Nermoutier* et *Hermoutier* [1], est une île basse, située sur la côte vendéenne, à peu de distance de l'embouchure de la Loire.

Placée obliquement par rapport au littoral voisin, elle s'en rapproche vers le sud, et n'est séparée de la côte de la Barre-de-Monts que par un détroit de 800 mètres, le *Goulet de Fromentine*. Elle sert de limite extérieure à la baie de Bourgneuf, dont l'autre côte, formée par le marais septentrional de la Vendée et le Pays de Retz, fuit dans la direction du N.-O.

Au nord du Goulet, existe, à marée basse, un passage à gué, portant le nom de *Gois,* du mot vendéen *goiser,* passer en se mouillant les pieds.

(1) *Héro insula, Heri monasterium.* De ce dernier mot paraît dériver le nom actuel, ayant passé par les formes intermédiaires d'*Hermoustier* et de *Nermoustier*. Cependant, au XIIIe siècle, après l'incendie du monastère de Saint-Filbert par les Normands, on trouve dans les chartes le mot de *Nigrum-monasterium,* employé concurremment avec Héro.

François Piet a publié et imprimé lui-même, à seize exemplaires, de 1806 à 1826, une remarquable statistique de l'île, sous le titre de *Recherches topographiques, statistiques et historiques sur Noirmoutier*. Son fils, Jules, l'a rééditée, en 1863, à deux cents exemplaires, avec d'importantes additions. Cette seconde édition est elle-même épuisée. Il est impossible d'écrire sur Noirmoutier sans faire des emprunts aux *Recherches,* dont une nouvelle réimpresssion est vivement désirée ([1]).

([1]) En 1768, un essai sur Noirmoutier avait été écrit par de Puy-Lorson. Son manuscrit, adressé au roi, est relié en maroquin rouge et porte les armes de France. Il est classé à la Bibliothèque publique de Nantes sous le nº 1074 et contient 316 pages et 2 cartes à la main : l'une représente l'île, l'autre un marais salant. Il porte pour titre : *Description topographique de l'île de Noirmoutier, en forme de dissertation, avec des observations œconomiques sur l'agriculture et la paludrie, le tout suivi d'une partie historique et d'une copie des privilèges, par noble et discret André Commart de Puy-Lorson, chanoine de Guerrande, ancien habitant de l'île.* Il contient des détails curieux, mais manque de critique historique.

CHAPITRE I.

Considérations générales sur la topographie de l'île, sa géologie, ses habitants, ses divisions politiques et religieuses, la culture et l'industrie.

L'île de Noirmoutier offre une forme assez irrégulière, que la mer tend chaque jour à modifier.

Son grand diamètre, dirigé du N.-N.-O. au S.-S.-E., de l'Herbaudière à la Fosse, est, à vol d'oiseau, de dix-huit kilomètres. Elle est élargie à ses deux extrémités, surtout au nord, où elle donne lieu à la plaine de Noirmoutier, ayant, de la batterie du Tambourin à la pointe de Devin, six kilomètres et demi. L'extrémité sud, ou plaine de Barbâtre, mesure deux kilomètres, de la digue des nouveaux dessèchements à la Grande-Côte. Ces deux parties sont unies par l'isthme sablonneux de la Tresson, dont la largeur n'est que d'un kilomètre, près du village de la Guérinière, au point le plus menacé par la mer.

Le périmètre de l'île est de cinquante kilomètres.

Envisagée dans son ensemble, elle a la forme d'un gigot de mouton, dont le chef-lieu occupe le gîte à la noix, tandis que Barbâtre est situé au milieu du manche. On l'a aussi comparée à un rein. Elle offre, en effet, du côté de la baie, un hile ou échancrure, par lequel pénètrent trois *étiers* (*æstuaria*, canaux où monte la marée) : le Grand-Etier (étier du Port ou du Moulin), celui de l'Arceau et celui des Coëfs ([1]). Ils se subdivisent en *étreaux*, puis en *branches* chargées d'alimenter d'eau de mer les marais salants et de conduire à l'Océan les eaux

([1]) Les ponts jetés sur ces canaux ont une grande importance au point de vue stratégique, puisque, s'ils étaient fortement occupés, une troupe envahissante venant du côté du Gois serait forcée, pour atteindre la ville, de contourner les parties Sud et Ouest et de passer par les sables de Luzéronde et Luzay.

L'étier du Port offre, de son embouchure à son autre extrémité : le pont de l'écluse, de construction récente, permettant l'entrée en ville de la route départementale ; le Grand-Pont, établi en bois pour être plus facilement coupé ; il était la dernière défense du côté de la Grande-Charraud. Au delà, l'étier se bifurgue, la branche de droite se dirige au N. sous le nom d'étier de Luzay ou des Moines, portant les ponts du Marais-Bourre, de Santaudame (autrefois Cens aux dames) et de Luzay ; la branche gauche, étier de Grandchamp, se dirige au S.-O. et porte le pont des Brouailles. Entre l'écluse et le Grand-Pont, l'étier du Port fournit une branche importante, le Porteau, longeant la ville au

douces versées par la pluie dans la cuvette centrale. Les salines sont placées comme des culs-de-sac glandulaires à l'extrémité des derniers canaux.

Noirmoutier, contrairement à l'île d'Yeu et aux îles bretonnes, plus bas à son centre qu'à son pourtour, se trouve, dans les deux tiers de son étendue, au-dessous du niveau des hautes marées.

Il est protégé contre les fureurs de l'Océan, au nord, par des rochers et des dunes ; ailleurs, par des digues.

Une ceinture de dangereux récifs, découvrant d'une manière incomplète à mer basse, l'environne de toute part. Ils portent les noms de la Vendette, des Pères, des Sécés, des Bœufs et des Peignes.

La côte O., exposée aux flots du large, est sans cesse rongée par eux. L'îlot du Pilier, jadis uni à l'Herbaudière, en est distant de cinq kilomètres. Les

S. et se dirigeant vers Sallaisière. Sur elle, se voit le Pont-Maudit, aux tristes souvenirs et près de la ville, le pont du Porteau.

Sur l'étier de l'Arceau est jeté un nouveau pont en pierre pour la route départementale, le pont de Délis; puis vient le pont de l'Arceau, desservant la Charraud, et, vers la pointe de Devin, celui de la Corbe.

L'étier des Coëfs présente le pont de Bonne-Pogne. Avant la construction de la grande route, des planches étaient placées en Bonne-Pogne et en Délis, pour raccourcir le trajet des piétons venant de la Guérinière ; le péage était de deux liards par étier.

Bœufs, sur lesquels la mer brise à une grande distance de la pointe de Devin, offrent des débris de briques romaines.

Du côté de la terre ferme, Noirmoutier s'accroît, au contraire, chaque jour; les courants de la Loire accumulent leurs alluvions dans la partie rétrécie de la baie et permettent de faire des dessèchements rapprochant de plus en plus l'île de la côte voisine. On peut prévoir le jour où elle cessera d'exister comme terre distincte et « elle offre, en petit, l'image de ce conflit, tantôt insensible, tantôt formidable, des grandes forces naturelles, qui sans cesse modifient la silhouette des continents » ([1]).

La superficie actuelle de Noirmoutier est de 4,900 hectares, y compris les dessèchements de la famille Jacobsen et ceux de la Société générale de drainage. Sur cette surface de trois lieues carrées, se trouvent plus de 760 hectares de dunes, des canaux nombreux, des landes et des bois, et cependant l'île nourrit près de 8,000 habitants (7,837), chiffre énorme par rapport au reste de la France ([2]),

([1]) Lucien Dubois. *Revue maritime et coloniale.* Juillet 1885. Voir Charier-Fillon : *Ile de Noirmoutier :* I. *Etudes sur ses transformations* (1887). — II. *Des mouvements du sol* (1888). — III. *Un dolmen inédit* (1888). Chez Clouzot, à Niort.

([2]) Au moment où J. Piet réimprimait l'ouvrage de son père, la population était de 8,130 habitants (6,098 pour la commune

et exporte des quantités considérables de sel et de grains. Ceci tient à la fertilité extrême de ses terres argileuses, amendées avec du sable et fumées avec des varechs, et à l'activité de ses travailleurs.

Sa structure géologique, exposée par Bertrand-Geslin dans le 1er vol. des Mémoires de la Société géologique de France, *Notice géognostique sur l'île de Noirmoutier*, a donné lieu à de nouvelles études.

La partie N., de l'anse de Luzéronde à celle de la Claire, est formée de micaschistes et de gneiss bouleversés par une éruption de granite à deux micas et de pegmatite (1). Cette formation se continue par une suite de hauteurs sous-marines, jusqu'à l'îlot du Pilier et aux rochers voisins. Le granit à mica blanc et le gneiss se montrent rarement à nu dans l'île, mais forment une chaîne de hauteurs à l'E. et au N. de la ville et sont exploités aux Charlières, à la Salle et à Luzay.

de Noirmoutier et 2,032 pour celle de Barbâtre). La diminution tient, moins à un défaut d'excédent des naissances sur les décès, qu'à une émigration de travailleurs et de jeunes filles se plaçant comme domestiques dans les grandes villes.

(1) L'anse du Lutin présente, près de l'église de l'Herbaudière, un filon de pegmatite graphique de 2 à 3 mètres de puissance, formée de quartz, de feldspath blanc et rose et de cristaux de tourmaline.

A la Claire, se montrent des schistes à séricite qui se retrouvent de l'autre côté de la baie.

Des couches importantes de kaolin, résultant de la décomposition des roches granitiques, se voient dans toute la partie N., de la ville à l'Herbaudière. Parfois, comme au Vieil et à la Blanche, le kaolin est trop mélangé de mica pour être susceptible d'application industrielle. Sur d'autres points, au tènement de l'Aunis, au Grand-Four, sa richesse en feldspath le fait exploiter sous le nom de *terre franche* pour servir de mortier.

Un architecte de Noirmoutier, M. Charier-Fillon, frappé de la beauté de ces argiles et de l'importance de leur gisement, profita de ses relations avec la Manufacture de Sèvres, pour faire exécuter des essais avec cette matière jusque-là dédaignée.

Nous en avons vu les résultats consistant en deux vases en belle porcelaine, fabriqués exclusivement avec le kaolin de Noirmoutier. La couverte a été obtenue à l'aide d'une pegmatite extraite d'un rocher de la côte (1).

Les rochers pittoresques, qui s'étendent de la pointe du Cob au fort Saint-Pierre, donnant lieu aux

(1) Ces vases sont destinés à figurer au musée de l'Hôtel-de-Ville. Ils seront accompagnés des observations faites au cours de la fabrication, de l'analyse des matières employées et enfin des appréciations des hommes compétents sur l'avenir commercial et

grottes du Bois de la Chaise et aux entassements du Pélavé, sont formés de grès et de quartzites dont l'époque géologique est discutée. Bertrand-Geslin les considérait comme crétacés. M. le professeur Crié, de Rennes (*Comptes rendus de l'Académie des Sciences*, t. XCII), les identifie, d'après les empreintes végétales découvertes par M. A^se^ Viaud-Grand-Marais jeune, avec les grès de la Sarthe et les rattache à l'éocène supérieur. Le *Sabalites andegavensis* Schimp. et l'*Araucarites Roginei* Sap., reconnus par M. Crié, ne sont pas les seuls restes végétaux offerts par ces grès. Nous y avons relevé des empreintes de Bambusées, d'Iridacées et de divers Palmiers.

Le reste de l'île, au Sud d'une ligne s'étendant du fort Larron à Luzéronde, repose sur le calcaire grossier parisien, n'affleurant nulle part. Il se poursuit, sous les dunes et les dessséchements de Barbâtre, vers les récifs de la côte S.-E. et, d'autre part, dans la baie, pour se continuer avec le calcaire de Bouin et de Machecoul.

Les habitants ne diffèrent pas d'une manière notable de ceux de la côte voisine. Des conditions

industriel qu'offrirait une exploitation méthodique des gisements de cette substance.

Le kaolin de Noirmoutier a été aussi employé pour la fabrication de carreaux artistiques, par M. Corbet, de Nantes.

de vie spéciale et des unions consanguines leur ont cependant donné quelques caractères particuliers. Les ethnologistes distinguent même deux races : celle du N.-O. et celle du S.-E. ; la première offrant l'empreinte gallo-romaine, la seconde se rapprochant davantage des peuples du Nord.

Les Noirmoutrins appartiennent tous à la religion catholique. Ils sont travailleurs, dévoués, et ont conservé dans leur langage des traces de la langue latine. Le mot *vère* remplace le oui ; l'*r* se fait sentir à la fin des verbes de la première conjugaison, et les diphtongues *oi* et *ai* se prononcent à l'espagnole.

L'île est divisée en deux communes : au sud, Barbâtre, constituant une paroisse (1,714 hab.) ; au nord, Noirmoutier, comprenant le chef-lieu, sous le vocable de Saint-Filbert (6,123 hab.), et trois autres paroisses : au sud la Guérinière, à l'ouest l'Epine, au nord l'Herbaudière.

Le sel est, de tous les produits, celui qui donne lieu au plus grand commerce. Dix-huit mille œillets de marais salants fournissent, bon an mal an, 18 millions de kilogrammes.

On récolte aussi dans l'île, année moyenne, 34,000 hectolitres de froment, 8,000 d'orge, 4,000 de fèves, 1,000 de seigle et 20,000 de pommes de terre.

On cultive avec le plus grand succès l'asperge dans les terres sablonneuses, et ce légume constitue avec la pomme de terre prime un produit important d'exportation (1).

Barbâtre élève, depuis quelques années, de beaux et forts chevaux.

Sur toute la côte, on brûle du goémon pour faire de la soude (carbonate de soude impur), et surtout de la cendre de varech ; 20,000 hectolitres de cette cendre étaient naguère fabriqués chaque année, représentant 50,000 hectolitres de goémon. Cette industrie est en décroissance.

La culture de la vigne, presque abandonnée, redevient en honneur depuis que le phylloxera frappe les vignobles du continent. Le fumage au varech donne malheureusement au vin un goût qui rend sa vente difficile.

Deux cent quarante-cinq barques, montées par 580 hommes, sont armées pour la pêche. Depuis quelques années, la pêche à la sardine se fait à l'Herbaudière, où se trouve une confiserie.

(1) L'exportation annuelle des pommes de terre et des asperges est évaluée par les documents officiels à 1,200 tonnes.

La pomme de terre de Noirmoutier est très recherchée à Nantes, où la variété prime, dite de Saint-Jean, est apportée dès la première quinzaine de mai. Parmi les espèces moins hâtives, la Camaret est la plus estimée.

Le produit annuel est de 596,000 fr. pour la pêche en bateau, et de 417,438 fr. pour celle à pied.

Outre les barques de pêcheurs, on compte 9 *caboteurs* avec 32 hommes d'équipage et 84 *borneurs* avec 179 hommes. Le nombre des marins inscrits est de 1,475 (1).

(1) Le temps n'est plus où Isabeau de Craon, dame de Sully et de Noirmoutier, faisait venir son poivre de Barbâtre et même celui moins éloigné, où l'île armait pour le long-cours. Le second navire français qui ait remonté le Paraguay, en 1816, appartenait à M. Joseph Pineau.

CHAPITRE II.

Histoire ; personnages célèbres ayant vécu dans l'île.

Noirmoutier semble être l'île des Samnites, renommée par ses prêtresses, et dont parle Strabon.

Plusieurs de ses monuments mégalithiques ont dû être emportés avec les parties sur lesquelles ils reposaient ; d'autres, par suite d'affaissements, se voient sous les flots (le dolmen *la Table* signalé par M. Charier-Fillon sur le banc de la Vendette) ; d'autres enfin ont été détruits par les premiers apôtres de l'île, à cause des superstitions qu'ils rappelaient.

Ceux qui restent sont complètement frustres. De la Pilaye, cité par Jules Piet, (*Recherches,* 2e éd., p. 414), en a décrit un certain nombre, et signale, entre autres, une double ligne de dolmens et de menhirs, allant de l'Herbaudière à la butte Saint-Michel.

Entre le moulin de la Houssinière et Luzay, se

voit près de la route un bélion, appelé *Grosse-Roche* ou *Roche-Pattes-du-Diable* et, çà et là, dans les champs, se montrent des débris de dolmens. Au bas de Gaillardin existe un petit menhir ; au phare des dames un pelven renversé beaucoup plus important. Un dolmen effondré ou *Grotte à fées,* atteint par les vagues, est à la pointe même de l'Herbaudière ([1]).

Des haches en pierre polie (*pierres à tonnerre*) ont été recueillies sur plusieurs points.

Les Romains ont laissé des traces de leur passage, dans la partie Nord, sous des *chirons* ou amas de pierres et de débris accumulés depuis des siècles. On y a trouvé des médailles d'or de Claude et d'Agrippine. Un chercheur du siècle dernier, Honoré Vrignaud de Plusquepoet, a même recueilli au village du Vieil, une statuette d'or de Diane.

Vers le même point, au tènement de Saint-Hilaire, J. Piet a mis à jour les restes d'une villa gallo-romaine.

L'époque historique commence au VIIe siècle, avec saint Filbert ou Filibert, l'apôtre et le civilisateur de l'île, et le fondateur de la ville.

([1]) La plupart des monuments mégalithiques de la côte vendéenne et du pays de Retz sont en grès semblable à celui du bois de la Chaise.

Né en Gascogne d'une noble famille franque, page de Dagobert et ami de saint Ouen, il établit, sur les bords de la Seine, l'abbaye de Jumièges. Chassé de la Neustrie pour avoir reproché à Ebroïn ses crimes, il se réfugia dans l'île d'Her, en convertit les habitants, leur apprit à conquérir des terrains sur la mer et à fabriquer le sel. Il mourut le 20 août 684.

Ses moines fuyant devant les Normands, transportèrent ses restes à Tournus où ils se voient encore. Peu de saints, en France, ont un aussi grand nombre d'églises sous leur vocable. Les pêcheurs de Concarneau l'invoquent avant de se mettre en mer (1), et il est, par suite de circonstances curieuses, un des patrons de la maison royale de Savoie.

Saint Viaud ou saint Vital, né en Grande-Bretagne, attiré par les vertus des moines de saint Filbert, vint leur demander asile, vers 725. Il se retira plus tard au *Mont Scobrith,* près Paimbœuf, lieu qui porte son nom (2). Il y mourut en 740. Les moines de

(1) Un pèlerinage en l'honneur de saint Filbert existe à Moëlan, près Concarneau. Les gens des environs disent, en souvenir des incursions qui ont autrefois dévasté leur pays, la prière suivante : *Sant Filber difenn da vro, fest erbidenner a vo ;* Saint Filbert défends ton pays, il y aura (en ton honneur) une fête commémorative.

(2) Ne serait-ce pas en 732, l'abbaye de Saint-Filbert ayant

Noirmoutier allèrent chercher son corps, qui, dans leurs migrations, suivit celui de leur fondateur, à *Déas* ou Saint-Philbert-de-Grand-Lieu, à Cunault, à Saint-Pourçain et définitivement à Tournus.

Le moutier d'Her, sous les premiers Carlovingiens, servit de lieu d'exil à saint Adalard, abbé de Corbie, et Wala son frère, petits-fils de Charles-Martel. Ils y furent internés par Louis le Débonnaire, vers 814.

En juin 830, le célèbre chef normand Hastings s'empara de l'île, dont il fit un nid de pirates. Il en sortit pour brûler Nantes, piller une partie de la France et étendre ses déprédations sur les côtes de l'Italie.

A la suite des invasions normandes, Noirmoutier passa sous la suzeraineté des seigneurs de la Garnache. Appelés par les moines pour les défendre, ils s'en acquittèrent assez mal, s'emparèrent de leurs biens et mirent garnison dans le château.

Un moment de repentir valut aux Bernardins du Pilier une partie des biens des Bénédictins de l'abbaye filbertine. Pierre IV fonda pour eux sur la côte sep-

été détruite à ce moment par une invasion sarrasine ? Elle resta en ruine jusqu'en 801, époque à laquelle elle fut reconstruite par ordre de Charlemagne. On ignore le nom des successeurs de saint Filbert, jusqu'à Arnoul, qui, en 819, fonda l'abbaye de Déas.

tentrionale, Notre-Dame la Blanche, ainsi nommée par opposition à l'abbaye noire ou de la ville.

Noirmoutier eut aussi ses seigneurs particuliers, vassaux de ceux de la Garnache : les Sainte-Maure, les Craon, dont l'écu lozangé servit longtemps de sceau public, les Sully et enfin l'illustre famille de la Trémoille, qui posséda la seigneurie pendant trois siècles.

Guy le Vaillant, Georges, le favori de Charles VII, Louis II, le Chevalier sans reproche, François II et plusieurs membres de la branche de Noirmoutier, ont leurs noms gravés dans les fastes de la France. Il en est ainsi de Gabrielle de Bourbon de sainte mémoire, épouse de Louis II, le vainqueur des confédérés de Saint-Aubin-du-Cormier, et qui, plus tard, se rendit maître du Milanais.

Citons aussi, à cause de leur beauté et de la manière dont elles furent mêlées aux affaires de leur temps, Catherine de l'Ile-Bouchard, veuve du sire de Giac et épouse de Georges de la Trémoille; Charlotte de Baume-Samblançay, dame de Sauves, épouse de François III, premier marquis de Noirmoutier; et Marie-Anne de la Trémoille, princesse des Ursins, un moment toute puissante à la cour de Philippe V, roi d'Espagne. Cette dernière fit ériger le marquisat de Noirmoutier en duché en faveur de son frère Antoine-François; à la mort de celui-ci, elle vendit l'île au duc de Bourbon (1705). Le fils de ce dernier, le prince de Condé, la céda au roi Louis XV, en 1707, pour 1,900,000 livres.

Poste avancé de la patrie, gardien de l'entrée de la Loire, Noirmoutier éprouva le contre-coup de toutes les luttes que la France eut à soutenir contre l'étranger.

Pendant la guerre de cent ans, l'île fut prise, en 1350, par un chef de partisans à la solde d'Edouard III, Raoul de Cahours. Le roi d'Angleterre lui accordait mille livres sterlings par an, à prendre sur les terres dont il s'emparerait au sud de la Loire. Cahours se brouilla avec Edouard, pour n'avoir pas voulu rendre ses conquêtes à Jeanne de Belleville, dame de Clisson et de la Garnache, qui venait d'abandonner le parti français. Il passa au roi de France, Jean II, moyennant la possession reconnue de Beauvoir et de l'île Chauvet et 2,430 # par an.

Un autre chef de bande, Maciot de Mareuil [1], aidé d'aventuriers nantais, s'empara, l'année suivante, de

[1] Maciot de Mareuil paraît être le même personnage que le bascon de Mareuil, qui s'était emparé de Loudun, le 24 juin 1350 et y était resté près d'un an, pillant et rançonnant le pays d'alentour. On retrouve sa bande dévastant les environs de Lyon sous le nom de *troupes du bascon*, de *croquants*, de *truans*. Un

Noirmoutier et de Cahours. Il ne voulut relâcher ce dernier à aucun prix, malgré les lettres de rémission offertes par le roi de France. Robert d'Houdelot, maître des arbalestriers du roi, ne put avoir raison de ce forcené. Guillaume Estner, capitaine à la solde du seigneur de l'île, Amaury de Craon, parvint à le faire déménager, en 1353, moyennant finance, nouvelles lettres de rémission, et menaces de le pendre s'il ne s'en allait pas de bonne grâce.

En juillet 1388, les Anglais apparurent dans la baie, sous la conduite du comte Richard d'Arundel. Les Noirmoutrins, attaqués par des forces supérieures, se réfugièrent dans le château avec des provisions et ce qu'ils purent sauver. Ils soutinrent plusieurs assauts avec une grande vaillance. L'ennemi, furieux de n'avoir pu les réduire, arracha les vignes, détruisit les moissons et mit le feu partout.

La Réforme trouva les seigneurs et la plupart de leurs vassaux fidèles à la vieille foi, malgré la défection de l'abbé de la Blanche, Jean Cahuau (*lupus sub ovina pelle*), et quoique les Rohan de

vieil auteur dit que le nom de bascon ou de bacon leur était donné parce qu'ils volaient le lard (*bacon* ou *bascon*) des paysans. Ce n'est guère probable; il semble plutôt une forme du mot gascon.

la Garnache et les la Trémoille de la branche aînée se fussent faits protestants.

Le pasteur Charles Boulanger, envoyé par le synode de Montbéliard, fut chassé par la population.

Les Espagnols, en 1524, et les corsaires protestants de la Rochelle, en 1562, s'emparèrent de l'île et la ravagèrent. Ces derniers paraissent y être restés jusqu'en 1569 (1).

Sous François III, les Hollandais firent une première apparition. On lit dans un vieux registre de la mairie, que M. Stéphane de la Nicollière a pu seul déchiffrer :

Le 1er jour du mois de febv. 1588, *vinrent en Noirmoutier les Olandys ; ce qui est au grand dommage des habitans, par espécial des pouvres gens, sans compter les violentements qu'ils y font et malsacres. D. p. s. s. g. n. d. l. p. d. l. s. e. silz y. d. d. s. sqz. p. d. p. s. s. g. y. n. m. s. b. m. a. il n. f. g. l. p.* (2).

(1) *L'isle de Noirmoutier fut prinse pour le roy par le sieur Aimé du Sauzay, comte de Magnan, dont les Rochelais furent incommodés pour leur être ôté le traficq de la rivière de Loire.* Journal de Louvet, manusc. de la Bib. d'Angers. Note communiquée par M. André Joubert.

(2) *Un registre illisible. Notes sur Noirmoutier,* 1577-1589. Nous lisons sous toute réserve :

Dieu par sa sainte grâce nous donne la patience de les supporter

Quatre-vingt-six ans plus tard, le 4 juillet 1674, ils revinrent commandés par l'amiral Tromp et le comte de Horn.

Leur flotte, de 40 gros bâtiments de guerre et de 60 plus petits, armée d'une formidable artillerie, portait de nombreuses compagnies de débarquement. Le gouverneur, Jean de Raphaélis, sieur du Pinet, ne montra ni capacité ni vaillance. N'ayant pas de troupes régulières, il crut la partie perdue et s'enfuit vers Fromentine. Un paysan indigné lui envoya un coup de feu qui blessa son cheval.

La population, en face de forces aussi considérables, voulut lutter quand même. Il lui fallait un chef; elle recourut au prieur de la Blanche, dom Fouillon, de vaillante mémoire. Sous la conduite des moines et de leurs hommes francs, les Noirmoutrins combattirent à la Claire avec un stoïque courage; mais que pouvait leur résistance contre des troupes nombreuses, bien armées et bien commandées. Ils furent écrasés après avoir fait perdre à l'ennemi cent trente-cinq hommes, y compris plusieurs officiers (1).

Les Hollandais parcoururent l'île du N. au S.

et s'ils y demeurent.... Puis: *Dieu, par sa sainte grâce, y veuille mettre sa bonne main, alors il nous faut grandement le prier.*

(1) Un ouvrage hollandais dit que les habitants avaient fait

se livrant à des exactions de toutes sortes. Le château reçut une garnison de mille hommes. La Blanche fut occupée militairement par une compagnie de matelots; cinq cents cavaliers allèrent se poster à la Fosse pour éviter toute surprise du côté du continent.

L'ennemi, en se retirant au bout de 21 jours, fit sauter les deux tours du château qui battaient du côté du port, coupa le bois de la Chaise, exigea une rançon de 42,000 fr. et emmena en ôtage plusieurs notables : Charles Bourriaud, sieur de l'Anglée, Charles Friou, sieur du Marais-Vieux, André Joubert jeune et Nicolas Moreau, ainsi que le frère Bernard Fouillon, prieur de l'abbaye Blanche. Le vieux registre cite le nom d'un Vénereau pendu pour s'être montré trop bon Français.

Un navire anglais de 50 canons, le *Maidstone*, commandé par lord Keppel, donnant en 1747 la chasse à un navire français, se perdit sur les Pères. Le commandant et son équipage furent recueillis

des retranchements munis de quatre pièces de canon, qui, avec la mousqueterie, firent beaucoup de mal aux envahisseurs.

Voir sur la prise de Noirmoutier par le comte de Horn, le travail de notre vénéré et regretté ami, André Joubert, d'Angers, descendant d'un des ôtages, *La captivité et la rançon des ôtages de Noirmoutier, prisonniers en Hollande, de 1674 à 1676*, publié depuis sa mort par M. Ed. de la Noue.

par les Noirmoutrins, non comme des ennemis, mais comme des naufragés. Les vaisseaux anglais s'éloignèrent de l'île et plusieurs marins prisonniers furent rendus à leur famille.

La guerre des États-Unis nous valut de nouvelles épreuves. Les croiseurs de la Grande-Bretagne reparurent dans le Fain (1) et au voisinage de Pilier. Le port, d'autre part, servit de refuge aux corsaires français. Le *Duc-de-Bourbon*, de 4 canons et 12 pierriers, armé par Cornil-Guislain Jacobsen et monté par 60 matelots noirmoutrins, fit deux glorieuses campagnes, mais finit par être pris pour avoir eu la témérité de s'attaquer à une frégate de 36 canons.

Dans cette lutte de chaque jour, des femmes montrèrent de la valeur. Au mois de mars 1781, une jeune fille, Félicité Bévier, saisissant un fusil, ramena au combat, sur la côte de l'Épine, des hommes qui venaient d'abandonner une gabare, et sauva le navire considéré comme perdu (2).

Les rois de France, appréciant le courage des Noirmoutrins et les services rendus par eux, accordèrent à l'île des privilèges, dont quelques-uns sont encore respectés.

(1) Le Fain est un lieu de mouillage de la baie de Bourgneuf assez profond pour recevoir de grands vaisseaux.

(2) Voir J. Piet, page 388.

Sous Louis XIV, des jansénistes furent internés à Noirmoutier. Le président Hocquart y fut relégué, quand, en 1771, des lettres de cachet obligèrent les membres du Parlement, en conflit avec le Roi, à quitter la capitale. En 1871, le château servit de prison provisoire pour des insurgés de la Commune.

L'île eut beaucoup à souffrir pendant la période révolutionnaire. Prise par Guéry-Fortinière (13 mars 1793), elle se rendit sans combat au général républicain Beysser, le 29 avril. Elle fut conquise de nouveau par un des plus brillants chefs vendéens, le général Charette de la Contrie (12 octobre 1793), malgré le courage de François-Chrysostôme Richer, qui se fit tuer à l'entrée du Gois pour l'arrêter.

Le 3 janvier 1794, elle retomba entre les mains de Turreau. La plus grande partie des royalistes furent massacrés. Le général d'Elbée, ancien général en chef des armées vendéennes, deux de ses officiers, de Boisy et Duhoux d'Hauterive et le chef républicain Wieland, qui n'avait pu résister à Charette, furent fusillés sur la place d'armes. Noirmoutier devint l'*île de la Montagne*, son port, *Port-Victoire*, et les commissions militaires nommées par les représentants du peuple en mission près des armées de l'Ouest, eurent à juger, non seulement les Vendéens arrêtés dans l'île, mais des individus accusés d'insurrection ou d'incivisme, envoyés de différents points du département. Tout ce qui a rapport à cette période est une des parties les plus intéressantes de l'ouvrage de Fr. Piet.

Aux attaques des généraux vendéens succédèrent de nouvelles croisières anglaises, sous le commandement du commodore Warren ; il en sera parlé plus loin.

Il est impossible d'écrire sur Noirmoutier sans citer le nom des Jacobsen : l'île leur doit une grande partie de ses desséchements, ses principaux embellissements et les grands pins maritimes, qui, à cette heure, tombent sous la hache, pour faire place à des villas.

Le premier qui vint dans l'île, vers le milieu du siècle dernier, Cornil-Guislain, était né à Dunkerque en 1709. Il se rendit cher aux habitants en leur créant du travail et en leur procurant des moyens d'existence pour eux et leurs enfants. Avec l'aide de travailleurs noirmoutrins, il conquit sur la mer, dans la partie S. de Barbâtre, la Lyde (17 hect.) et fit, de l'autre côté du Gois, surgir des eaux, le 1er avril 1767, une île nouvelle de 226 hect., Notre-Dame-du-Pé ou de la Crosnière rattachée, jusqu'à la Révolution, à Noirmoutier, tant au spirituel qu'au temporel.

Jean-Corneille, continuant ses travaux, dessécha,

de 1812 à 1814, à l'entrée du port, les Grand et Petit Müllenbourgs (61 hect). Ils portent dans le peuple le nom bien mérité de *terrains Jacobsen.* Antiquaire et homme de goût, il était lié avec le cardinal de Loménie et en rapport avec un grand nombre des célébrités de son temps. Il enrichit de gravures, de livres précieux, d'objets d'art l'hôtel construit par son père sur la place d'armes. On lui doit les embellissements du Pélavé, des Sorbets et de Grande-Lande.

Auguste mérita pareillement la reconnaissance publique par les travaux dont il fut le promoteur. Aux conquêtes de son père et de son grand-père, il ajouta, en 1829, la Nouvelle-Brille (64 hectares) et en 1834, la Tresson (144 hectares). Les dessé-chements faits par sa famille s'élèvent donc à 512 hectares. Auguste Jacobsen, aimé des paysans qui l'avaient vu partager leurs travaux et leurs luttes contre l'Océan, fut pendant de longues années maire de Noirmoutier, qu'il administra de la façon la plus paternelle.

Trois autres noms ne peuvent être laissés dans l'oubli : ceux de François Piet, Lubin Impost et Edouard Richer. Ecrivains distingués, poètes à leurs heures, philosophes, naturalistes, ils ont été en correspondance avec les grands penseurs et les naturalistes de leur époque et constituaient une petite réunion savante, l'*Académie ambulante* (1), à laquelle se joignirent pendant quelque temps les d'Orbigny. Les *Recherches sur Noirmoutier*, quoique étant surtout l'ouvrage de Piet, sont en partie une œuvre commune. Impost, le fabuliste, n'a pas laissé d'héritier de son nom. Piet a eu dans son fils un continuateur. Quant à Richer, fils du défenseur de l'île contre Charette, il s'acquit un renom de publiciste et de penseur, embrassa d'abord avec ardeur les doctrines de Swedenborg et mourut rallié à la foi catholique. L'île conservera le souvenir de l'intelligente et bienveillante administration de son neveu portant les mêmes nom et prénoms que lui.

Mme Virginie Pelletier (en religion Mère Marie de Sainte-Euphrasie), ne saurait être oubliée. Née à Noirmoutier, le 31 juillet 1796, elle a été la créatrice de l'ordre du Bon-Pasteur, qui, s'occupant des filles repenties, compte un grand nombre de maisons en France et à l'étranger (2).

MM. Florimond Palvadeau et François Boucheron

(1) Voir *Biographies vendéennes*, par le Dr Merland, et, dans le *Bulletin de la Société botanique de France*, t. VIII, 1861, *Notice biographique sur quelques naturalistes de Noirmoutier*, par le Dr Viaud-Grand-Marais.

(2) Voir sa vie par le Dr Constant Merland.

furent aussi des enfants de l'île. Le premier, paysagiste de valeur, a été honoré de nombreuses médailles; le second, auteur du *Monde des côtes de Noirmoutier,* a laissé une importante collection de mollusques et de zoophytes.

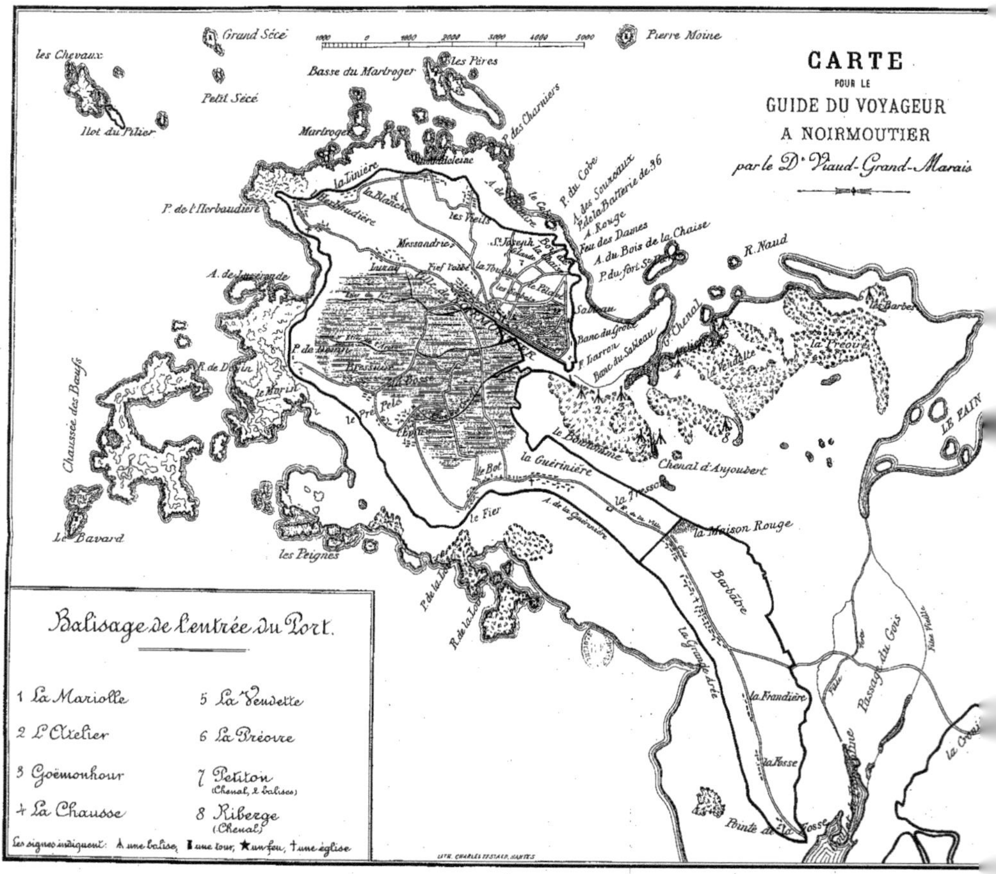

CARTE
POUR LE
GUIDE DU VOYAGEUR
A NOIRMOUTIER
par le Dr Viaud-Grand-Marais
Balisage de l'entrée du Port.
1 La Mariolle
2 L'Atelier
3 Goëmonhour
4 La Chausse
5 La Vendette
6 La Bréorre
7 Petiton (Chenal, 2 balises)
8 Riberge (Chenal)
Les signes indiquent: une balise, une tour, un feu, une église
Grand Sécé
Pierre Moine
les Chevaux
Petit Sécé
Ilot du Pilier
Basse du Martroger
Les Pères
Martroger
P. des Charniers
P. de l'Herbaudière
la Linière
la Blanche
les Vieils
Messandrie
S. Joseph
Fief Vallée
A. de Luzéronde
R. de Devin
le Marin
P. du Cobe
A. Rouge
Feu des Dames
A. du Bois de la Chaise
R. Naud
Souzeau
Banc du Gros
Banc du Sableau
P. Larron
la Vendette
la Bréorre
la Barbe
LE FAIN
Chaussée des Boeufs
le Bavard
les Peignes
le Fier
le Bot
la Guérinière
la Bosse
Chenal d'Anjoubert
la Tresson
la Maison Rouge
Barbâtre
la Frandière
la Fosse
Pointe de la Fosse
Passage du Gois
la Grande Aïre
R. de la Loire
P. de la Loire
LITH. CHARLES TESTARD, NANTES

CHAPITRE III.

Différents moyens d'atterrir à Noirmoutier.

Quoique Noirmoutier n'ait rien de commun avec l'île de terre ferme du célèbre romancier espagnol, on doit indiquer, parmi les moyens d'y arriver, la voie de terre ou de voiture, puisque deux fois par jour, elle est transformée en presqu'île, par le retrait de la mer au lieu désigné par les marins sous le nom de Pé (*podium,* hauteur) et par tout le monde sous celui de Gois.

Les autres voies d'atterrissage sont celles de Fromentine et de Pornic.

I. — VOIE DU GOIS.

Pour parvenir à Noirmoutier par le Gois, il faut passer par Beauvoir-sur-Mer, que l'on atteint soit par Nantes, soit par la Roche-sur-Yon.

1° ROUTE DE NANTES A BEAUVOIR.

Départ de Nantes par le chemin de fer de l'Etat

(gare de la prairie au Duc) ([1]). Il est prudent, avant de partir, de s'assurer si les marées permettent l'arrivée à Noirmoutier, le même jour, des voitures faisant la poste et correspondant avec le train du matin. Elles correspondent avec ce train dès le lendemain de la nouvelle ou de la pleine lune, jusqu'au troisième jour après les quartiers, inclusivement. En dehors de ce temps, on doit demander, de Noirmoutier, une voiture en gare de Bourgneuf ou de Challans, pour le train du milieu du jour ([2]).

Trajet par Bourgneuf : chemin de fer, 42 kil. (1 h. 15 à 1 h. 40) ; prix : 4 fr. 30, 3 fr. 20, 2 fr. 05 ; billets bains de mer, aller et retour, valables pendant un mois, prix : 6 fr. ; 4 fr. 50, 2 fr. 85. Voiture, 18 kil. (1 h. 3/4) ; prix : 2 fr. 50.

Par Challans : chemin de fer, 60 kil. (1 h. 44 à 2 h. 08) ; prix : 6 fr. 10, 4 fr. 55, 2 fr. 95 ; billets de bains de mer, 8 fr. 55, 6 fr. 35, 4 fr. 15. Voiture, 15 kil. (1 h. 1/2) ; prix : 2 fr. 20.

La voie ferrée sort de Nantes par un pont de fer jeté sur le grand bras de la Loire, ou de Pirmil, et

([1]) Les voyageurs des trains s'arrêtant à la grande gare (lignes Paris-Orléans, Paris-Le Mans, Bretagne), peuvent profiter du raccordement de la ligne de l'Etat et ne sont pas forcés de se rendre en voiture à la prairie au Duc.

([2]) L'entreprise du courrier met, à Beauvoir, des voitures à la disposition des voyageurs qui voudraient profiter de la marée du soir.

atteint, comme première station, Pont-Rousseau, sur le territoire de Rezé, l'ancienne ville gallo-romaine de *Ratiate*. Elle suit une série de hauteurs, d'où se déroule sous les yeux le panorama de Nantes, et qui séparent le bassin de la Loire de celui du lac de Grand-Lieu.

Autres stations : La Croix-Rouge, desservant Saint-Aignan, sur le lac, et Bouguenais sur la Loire. — Bouaye, belle vue sur le lac. D'après la tradition, Herbauges (*Herbadilla*), reposerait sous ses eaux dormantes, d'où l'on retire des poutres équarries ([1]). — Port-Saint-Père, ou plutôt Saint-Mars-de-Coutais, près du confluent de l'Acheneau et du Tenu. La voie pour y arriver a traversé l'Acheneau et ses marais. Au mois de janvier 1589, Henri IV, alors roi de Navarre, allant assiéger la Garnache, fut atteint, à Port-Saint-Père, d'une pleurésie dont il faillit mourir. A partir de ce point la voie gagne les coteaux situés entre le bassin du lac et le marais de Bourgneuf. — Sainte-

([1]) On dit entendre, sur le lac, les cloches de la ville maudite, la veille des grandes fêtes. C'est un phénomène de réflexion sur les eaux du son des cloches de Nantes.

D'après l'ingénieur Hocquard, les alluvions boueuses sont de 14 à 15 mètres et s'élèveraient régulièrement de $0^{m},01$ par an, soit d'un mètre par siècle. Le lac est la propriété du comte de Juigné, qui afferme la pêche 17,000 fr. par an.

Pazanne, bifurcation : la voie de droite se dirige vers Bourgneuf; celle de gauche, vers Challans, la Roche-sur-Yon et Bordeaux.

.PAR BOURGNEUF. — Saint-Hilaire-de-Chaléons : calvaire remarquable ; clocher fortement incliné sous l'influence du vent ; embranchement de la ligne de Paimbœuf. — Bourgneuf-en-Retz (2,944 habitants), à 2 kilomètres de l'Océan, au fond de la baie de ce nom ; il ne peut retenir le voyageur, pressé de gagner Beauvoir, de peur de manquer l'heure du Gois. Le capitaine calviniste, La Noue Bras-de-Fer, est né à La Noue-Briord. Correspondance de voiture pour Beauvoir, Noirmoutier et l'île d'Yeu, avec le train du matin ([1]). Le train continue sa course vers la Bernerie et Pornic.

La diligence suit une route plate, d'une uniformité désespérante. Plus d'arbres, ni de buissons. Partout des canaux, des salines, des champs de blé, des fèves, des prairies, où paissent de grands bœufs et de splendides chevaux.

A droite est la propriété du Collet, avec son bois

([1]) On doit, en sortant de wagon, arrêter sa place pour Beauvoir.

La même voiture repart de Beauvoir le soir, à 3 h., pour correspondre à Bourgneuf avec le train de 5 h. pour Nantes.

de chênes verts et le port du même nom. On traverse, au pont du Frêne, l'étier du Dain, qui sépare la Loire-Inférieure de la Vendée et entoure l'île de Bouin.

Bouin (2,767 habitants), à 10 kilomètres de Bourgneuf et 8 kilomètres de Beauvoir. Cette petite ville se présente en été comme une oasis au milieu du marais nu et desséché. Eglise moderne, flèche en pierre, à partie inférieure datant du XIIIe ou du XIVe siècle et à faux mâchicoulis ; maisons proprettes, presque toutes ornées d'une ligne rouge au-dessous du toit ; habitations bourgeoises avec beaux arbres et jardins bien entretenus. La vue, bornée du côté de la mer par des digues, s'étend au loin sur le marais jusqu'à la butte de la Maladrie [1].

La route rencontre de nouveau le Dain, envoie à droite un embranchement vers le port de l'Epois, près duquel se voient les ruines d'une chapelle et un banc d'huîtres fossiles, puis atteint Beauvoir entouré de grands arbres.

PAR CHALLANS. — Machecoul (3,954 habitants), ancienne capitale du duché de Retz. Jolie église moderne à deux flèches. Ruines du château seigneu-

(1) Voir *Documents et notice historique sur l'île de Bouin*, par Luneau et Ed. Gallet.

rial de Gilles de Retz (la *Barbe bleue* des légendes), maréchal de France et, sous Charles VII, un des sauveurs du royaume. Les meurtres d'enfants, les infamies de toutes sortes, les invocations diaboliques, dont il se rendit coupable, dans ce nid de vautour, ont laissé de lui une mémoire exécrée et lui valurent d'être brûlé à Nantes, par la main du bourreau. Il mourut repentant, après avoir fait, en dehors de la torture, des aveux complets et demandé pardon de ses crimes à DIEU et aux hommes.

Machecoul a beaucoup souffert de la guerre vendéenne. Les républicains y furent massacrés par Souchu ; les colonnes infernales de Turreau l'incendièrent.

Le Falleron, qui passe sous la voie ferrée, est la limite de la Loire-Inférieure et de la Vendée.

Bois-de-Céné, butte féodale près la gare ; traces de la voie romaine suivie par les moines de Noirmoutier fuyant les Normands.

En approchant de la station suivante, on aperçoit à gauche le château moderne de Fonteclause, construit par M. Baudry-d'Asson. A peu de distance se trouvait le manoir du même nom, d'où Charette, en 1793, souleva la Basse-Vendée.

La Garnache (3,386 hab.), 13 kilomètres de Machecoul, 6 de Challans. Très ancienne demeure féodale de laquelle dépendaient Beauvoir, l'île d'Yeu et Noirmoutier. Son château, très important jadis, fut assiégé en 1419 et 1591, puis démantelé en 1622 par ordre de Louis XIII. Son donjon, grande tour carrée du XIIIe siècle, a été en partie abattu et transformé en magasin ([1]).

Challans (5,274 habitants), situé entre le Bocage et le Marais ; siège de transactions nombreuses, d'un grand commerce de bestiaux, de canards et de poulets ([2]). Fours à chaux. Point souvent pris et repris pendant la guerre de la Vendée et alors chef-lieu de district. Courses de chevaux et *sauts à la ningle*. C'est de fait le chef-lieu du marais septentrional de la Vendée.

A peu de distance est, sur la commune de Soullans, le manoir de la Vérie, où Mlle de Lézardière écrivit ses études remarquables sur la *Théorie des lois politiques de la France*. Non loin de cette maison noble, se trouve un menhir.

La gare de Challans est située à l'extrémité E. de la ville, qui a près de 2 kil. de longueur.

Une voiture correspondant deux fois par jour

([1]) Voir *Notices sur les châteaux et seigneuries de la Garnache et de Beauvoir-sur-Mer et sur le Perrier*, par Ch. Mourain de Sourdeval.

([2]) On vend souvent à Challans, dans un seul marché du mardi, pour 30,000 fr. de canards et de poulets.

avec les trains de Nantes et de la Roche, fait la poste entre Challans et Beauvoir.

Elle part de Challans à 8 h. 25 du matin et à 9 h. du soir, et de Beauvoir à 6 h. 20 du matin et à 3 h. de l'après-midi; elle suit une sorte de cap schisteux s'enfonçant dans le marais.

Pont-Habert, hameau à 1 kilomètre de Challans et dépendant de Sallertaine que l'on aperçoit bientôt à gauche. Dans la commune de Sallertaine, existe, près de l'église, un souterrain refuge; çà et là se voient des pierres druidiques, des substructions gallo-romaines et les restes des abbayes de la Lande de Beauchêne et de l'île Chauvet. Importantes foires de bestiaux.

Saint-Gervais (1,963 habitants), formé d'une suite de maisons bordant la route. Très grandes foires de chevaux; restes d'une villa romaine. Pèlerinage de Notre-Dame-de-Bourgdever.

Au delà, à droite, est le manoir de Fontordine avec ses bois servant d'amer. Là vivait naguère, entouré de l'estime de tous, Charles Mourain de Sourdeval, qui a beaucoup écrit sur le marais septentrional de la Vendée et à qui l'on doit une remarquable étude sur le cheval.

Du haut du coteau de la Maladrie (1), avant de

(1) *Maladrie* ou *Maladrerie.* Nulle station ne pouvait être

descendre à Beauvoir, on jouit d'un superbe coup d'œil : à l'E. se voit Saint-Gervais au milieu des arbres ; au N., le marais de Bouin ; à l'O., la petite ville de Beauvoir, la mer et Noirmoutier ; au S., un immense tapis de verdure qu'encadrent les dunes de Saint-Jean, de Notre-Dame et de la Barre-de-Monts. C'est le marais de Beauvoir, de Saint-Gervais et de Saint-Urbain, transformé, au mois d'août, en plaine jaunie, où bondissent de nombreux troupeaux.

2° Route de la Roche-sur-Yon a Beauvoir.

Trajet en chemin de fer jusqu'à Challans 51 kil. (1 h. 21 à 2 h. 50) ; prix : 5 fr. 30, 3 fr. 95, 2 fr. 55. Aller et retour et billets de bain de mer : 7 fr. 40, 5 fr. 55, 3 fr. 55. Au delà, voiture de Challans à Beauvoir, 15 kil. (1 h. 1/4) ; prix : 2 fr. 20.

Stations : La Génétouze. — Aizenay (4,173 hab.) : défaite des Vendéens par Travot pendant les Cent-Jours. Forêt de 340 hect. — Coëx, du mot breton *coet*, bois. — Saint-Maixent-sur-Vie : importante minoterie de Dolbeau. La voie traverse la Vie, qui, près de son embouchure, sépare les deux villes

mieux choisie pour un lazaret, à l'époque où la peste ravageait la France. En général, les maladreries portaient dans le Bas-Poitou le nom de *maisons rouges*, à cause de leur couleur permettant de les reconnaître de loin. Les paysans de Noirmoutier donnent encore ce nom à l'hôpital.

rivales de Saint-Gilles et de Croix-de-Vie, possédant toutes deux des plages fréquentées. — Commequiers (anciennement *Kimikers*) : vieux donjon du XVe siècle. Aux Pierres-Folles, près du village de Villeneuve, existe un groupe mégalithique composé de 17 pierres, dont 7 forment deux dolmens bien conservés (1). — Soullans et enfin Challans où l'on retrouve le courrier de Beauvoir.

Beauvoir-sur-Mer (2,507 hab.), *Belvearium*, aujourd'hui à 4 kilomètres de la mer, tire son nom d'un tumulus élevé de main d'homme, ayant servi de point d'observation sur la mer et le pays voisin (2).

Cette butte, aujourd'hui transformée en bosquet, contient une sorte de citerne en maçonnerie revêtue d'un ciment très dur. On se rend mal compte de son appropriation. Peut-être rentrait-elle dans le système de cachettes à reliques et objets précieux des moines de Saint-Filbert ? Elle se trouve dans le jardin de

(1) Sur la table de l'un d'eux se voit l'empreinte assez distincte d'un pied d'enfant (pied de la Vierge) ; sur l'autre une empreinte de même couleur ressemblant, avec un peu de bonne volonté, à une patte d'animal (griffe du diable) ; les autres pierres appartiennent à des dolmens détruits qui formaient une allée couverte.

(2) Voir *La ville et la commune de Beauvoir-sur-Mer*, par Ed. Gallet.

la maison de M. Dupleix, près de l'hôtel où s'arrête le courrier (1).

L'église, de style roman et assez massive, date du XIIe siècle. Un grand nombre d'actes importants y furent signés, tant par les seigneurs de la Garnache que par les doyens d'Aizenay. Elle porte un clocher carré de peu d'élévation et a pour patron saint Filbert. Le tabernacle est surmonté d'un ange sculpté par G. Grootaers, présentant aux fidèles la croix, et pendant les expositions du Saint Sacrement, l'ostensoir. M. le curé Guibert vient de faire réparer le chœur et le transept dans le style du temps, d'après les plans de M. Clerc.

Il ne reste que peu de choses de la ministrie de Sainte-Catherine ou des Mathurins, du couvent des Cent frères ou des Jacobins (2) et du prieuré de Saint-Filbert.

Beauvoir possédait, du XIe siècle au règne de Louis XIV, un château entouré de fossés de 80 pieds de large, que le flux de la mer remplissait deux fois par jour. Il fallut au roi de Navarre, octobre 1588, trois semaines de siège et de l'artillerie pour

(1) M. Dupleix, aux armes parlantes (deux poissons appelés *plies*), est de la famille du célèbre gouverneur de l'Inde française.

(2) Les Mathurins ou Trinitaires étaient les chanoines réguliers de la sainte Trinité institués pour la rédemption des captifs ; les Jacobins, les moines de saint Dominique ou Frères prêcheurs.

s'en rendre maître. Le Béarnais faillit perdre la vie dans une embuscade dressée contre lui par le gouverneur, le sieur de Villeserein. Les ligueurs, forcés de capituler, obtinrent d'être renvoyés, *leurs bagues sauves*. Ils avaient, au point de vue militaire, fait tout ce que l'on pouvait attendre d'hommes de cœur (1).

Le célèbre mathématicien Viète vécut à Beauvoir, près de Françoise de Rohan, à la fin du XVIe siècle;

(1) La prise du château de Beauvoir jeta l'épouvante à Noirmoutier, où se réfugièrent ceux qui craignaient les exactions des bandes du roi de Navarre. « *Encores ici ay si grand pour, que ce sera pis, si Dieu ne met sa bonne main, auquel prie très affectueusement à notre comfort, à notre ayde et à tous ceux qui bataillent pour son église.* » Notes du prieur de Noirmoutier sur le vieux registre.

Sous Louis XIV, le château était une forteresse respectable. De Launay, qui s'en empara par surprise, dit qu'il n'est guère moindre que celui de Sablé. C'est une même figure, écrit Colbert de Croissy, c'est-à-dire qu'il est carré, flanqué de quatre grosses tours couronnées de plate-formes, capables de porter du canon, avec un parapet ouvert d'embrasures, un bon fossé et un fossé de contrescarpe qui s'est un peu comblé. La garnison du roi fut atteinte par la fièvre, et de Launay en mourut. Cette prise du château avait été très mal vue par la noblesse remuante du pays, plus ou moins partisante de la Fronde.

Le château se trouvait à droite de la route en venant de Bouin près l'entrée de la ville. *Etiam si periere ruinæ.*

LE GOIS A MER BASSE

il y composa deux des ouvrages, qui ont fait passer son nom à la postérité.

Vers la même époque, la petite ville servit de lieu de refuge à un roi exilé, dom Antonio de Portugal, à qui l'amitié de Catherine de Médicis ne put rendre son trône, ni même conserver les Açores restées fidèles à sa cause.

Beauvoir est une station obligée des voyageurs des îles d'Yeu et de Noirmoutier, allant à Nantes, à la Roche ou aux Sables. Il paraît avoir été fondé par saint Filbert sur le territoire de la station romaine d'*Ampennum*. On doit, en arrivant à l'hôtel ([1]), arrêter sa place pour la voiture de Noirmoutier. Sauf les jours de pluie ou de vent d'ouest, le coupé est préférable, parce qu'il permet de jouir de la vue du Gois. On a, en général, le temps de déjeuner à Beauvoir.

3° Route de Beauvoir a Noirmoutier.

22 kil. : 5 1/2 de Beauvoir au Gois; 4 1/2 pour le passage; 12 dans l'île; (2 h. 1/2 à 3 h.); prix par le courrier : 3 fr. 10.

Le départ de la voiture correspondant avec les courriers de Challans et de Bourgneuf change chaque jour, à cause de la marée.

([1]) Hôtel du *Cheval-Blanc,* tenu par M. Briand. Chambre, 1 fr. 50; déjeuner, 2 fr. 50; café, 0 fr. 50; dîner, 3 fr.

L'heure de la basse mer varie avec la lune; le tableau suivant permet, au moyen d'un almanach, de savoir son moment exact. Il ne faut pas oublier que l'heure réelle de Noirmoutier est de 18 min. 18 sec. en retard sur celle du chemin de fer ou de Paris.

JOURS DE LUNE.		BASSE MER.		OBSERVATIONS.
1 jour N. L.	16 j. P. L.	9 h.	36	Grâce aux nouveaux travaux, le passage peut s'effectuer pendant 5 h.; deux fois par 24 h., et l'on peut descendre dans le gué 2 h. 1/2 avant l'heure de la basse mer. Le trajet en voiture dure de 3/4 d'h. à 1 h. 1/4. Il faut prévoir les incidents pouvant survenir pendant le voyage, et ne pas oublier que la mer monte plus vite du côté de Noirmoutier que de celui de la Crosnière.
2	17	10	24	
3	18	11	12	
4	19	12	»	
5	20	12	48	
6	21	1	36	
7	22	2	24	
8 j. P. Q.	23	3	12	
9	24 j. D. Q.	4	»	
10	25	4	48	
11	26	5	36	
12	27	6	24	
13	28	7	12	
14	29	8	»	
15	30	8	48	

En quittant Beauvoir, le voyageur prend une route tortueuse se dirigeant à l'O., coupée, au sortir de la ville, par celle de Nantes à la Barre. Elle traverse une plaine couverte, au commencement de l'été, de riches moissons, plus tard aride et brûlée. Nulle vue sur la mer.

L'île de la Crosnière, conquise par C.-G. Jacobsen, se trouve au-dessous des hautes marées; elle est protégée par des digues. Pas un arbre ne repose la vue. Des marais salants se montrent à droite et à gauche, avec leurs mulons de sel. Çà et là apparaissent, confondues avec la teinte du sol, des *bourines,* construites en argile et couvertes en *rouche* (¹). Dans ces demeures de si pauvre apparence, habite une belle et forte race, celle des *maraichins,* qui conserve son costume national, consistant dans la petite veste, le chapeau *raballet* à larges bords, et la ceinture rouge.

Le maraichin est excellent cavalier et adroit chasseur. Durant l'hiver, il parcourt les étiers et les canaux sur des barques à fond plat, appelées *nioles* (par addition de l'*n* devant le mot yole, comme dans Nermoutier ou Noirmoutier pour Hermoutier). Il les dirige avec une longue perche terminée par une pointe de fer. Une autre perche, la *ningle,* à extrémité épaisse et fourchue comme un pied de bœuf, lui sert à franchir d'un bond les canaux, quand il veut raccourcir son chemin. Il fut quelque peu contrebandier au temps de la gabelle et pendant

(¹) On donne ce nom aux tiges sèches de plusieurs cypéracées.

la Révolution un des plus intrépides soldats de Charette.

De Notre Dame-du-Pé, érigée en paroisse, le 16 janvier 1772, par Mgr Gauthier d'Ancyse, évêque de Luçon, il ne reste plus que des maisons de fermiers et le cimetière (1).

On arrive au Gois sans que la vue de la mer en indique l'approche. Une cabane de douaniers, un magasin en planches, surmonté d'un fanal à lumière rouge, voilà tout ce que présente le sommet de la digue. On y jouit d'un curieux spectacle. A mer haute, de nombreuses barques de pêcheurs disputent aux goélands les poissons de la baie et leurs voiles blanches ou rouges la sillonnent en tous sens.

A mer basse, apparaît un fond de vase et de sable, sur lequel sont disposées de loin en loin des balises reposant sur des cônes en maçonnerie. Elles indiquent aux marins le haut-fond. Cinq d'entre elles sont simples. Trois, plus compliquées et

(1) La route de la Crosnière se détache de celle du Gois à peu de distance du passage. Le village se trouve à 1,200 mètres ; l'église était à gauche ; à droite, on voit un abreuvoir dit de la cure, et le cimetière entouré d'un fossé, renfermant une croix en granit et deux tombes. L'une des tombes contient les restes de Cornil-Guislain Jacobsen et de son fils Jean-Corneille ; l'autre, ceux de Suzanne Jacobsen, épouse d'Augustin Jolly du Berceau. Au delà du village, la route mène à la Pointe-aux-Herbes.

LE PASSAGE DU GOIS

placées à un kilomètre de distance les unes des autres, sont composées de deux poutres verticales unies par des barreaux de fer faisant échelle ; elles sont surmontées d'une cage-refuge, où le voyageur peut trouver abri, s'il est surpris par les courants de foudre de la marée montante. Ces courants, qui portent en Fromentine, empêchent de poursuivre la route, dès qu'il y a plus de 30 centimètres d'eau de montée. Malgré la force et la grosseur des poutres qui soutiennent les cages, l'oscillation est très marquée, quand le vent est fort ou la mer agitée.

Au loin, apparaît Noirmoutier, de plus en plus distinct, mais qui, par l'effet du mirage, semble former trois îles : une plus considérable au S. avec le clocher de Barbâtre ; une moyenne, où se voit l'église et le château ; une troisième au N., avec les bois du Pélavé et de la Chaise. Entre les deux dernières, scintille au soleil un point d'un rouge vif, le toit de tuiles de la maison du Sableau.

Le Gois est traversé de jour ou de nuit, à mer complètement basse ou avec de l'eau. Il ne faut pas s'attarder et se laisser surprendre par le flot, qui fait presque chaque année des victimes, mais seulement parmi les imprudents ou les ivrognes (1).

(1) Les voyageurs ayant une voiture lourdement chargée, trou-

Passage à mer complètement basse. — La descente dans le Gois se fait par un pavé disposé en pente douce (*pierré*), à la suite duquel se trouve le gué chargé de macadam, jalonné de piquets de dix mètres en dix mètres, et borné des deux côtés par de petits murs.

Il est coupé par des *filées,* où il reste toujours de l'eau. Elles ont subi depuis cinquante ans de grandes modifications ; leur fond s'élève et elles changent de place. Les principales sont, près de la Crosnière, la *filée vieille* et, près de Noirmoutier, la *filée verte* ou *des cailloux,* autrefois très redoutée. Elles servent de chenaux pour les navires au moment de la haute mer.

Le seuil du Gois, coté dans le *Pilote des côtes de l'Ouest* de Bouquet de la Grye + 2m30 (¹), a été surélevé dans les endroits creux de plus de 15 cent. par des travaux récents.

Lorsque le chemin est exposé à être coupé par les courants, il est fortifié par des claies placées verti-

veront un cheval de renfort chez M. Jolly, au Ménitre, ou chez le fermier de la ferme dite du Passage. Prix habituel, 2 fr.

(¹) C'est-à-dire qu'en grande marée de vive eau de 5m50, les bateaux qui calent 3m20 peuvent passer en raguant le fond. Bouquet de la Grye écrit *Goa,* comme le fait l'Administration, mais telle n'est certainement pas l'orthographe du mot. Les paysans disent *Goï* dans une seule émission de voix.

calement. En dehors, sont des sables plus ou moins mouvants, dans lesquels il est dangereux de s'aventurer sans guide, car on peut s'y enlizer.

Sur les sables et les vases se voient des moules et autres coquillages, que les pêcheurs viennent récolter à marée basse.

La *torpille* (*Torpedo marmorata* Risso), de la famille des raies, portant les noms vulgaires de *tremblar* et de *dali,* fait des trous en entonnoir au fond desquels elle se cache. Avant que la route ne fût chargée de pierres, les chevaux étaient parfois arrêtés court par une décharge de ce poisson. Le dali est mangé dans l'île, mais on ne l'apporte au marché que vidé, c'est-à-dire privé de son appareil électrique. Il est fort désagréable à rencontrer dans les filets, les commotions qu'il produit se faisant ressentir jusqu'à l'épaule.

La voiture passe près de barques laissées à sec, et, à certaines époques, au milieu de bandes innombrables de palmipèdes et d'échassiers. Elle rencontre des carrioles de toutes formes traînées par des ânes, des charrettes à déménagements et des charrettes à bœufs chargées de bois, que les *Bocageons* ou *Dagnons* (hommes du Bocage) vont échanger contre de la cendre de *bousas* (1). Ailleurs, c'est

(1) Les *bousas* sont des galettes de fiente de vache et de

un cavalier qui passe au grand trot ; des femmes sur des bourriquets, bons petits animaux au pied solide, quoique ne payant pas de mine (¹).

Les piétons, hommes et femmes, taillent au plus court; ces dernières ont relevé leurs jupons entre leurs jambes. Au retour des foires, des vaches, des moutons et même des porcs, qui se vautrent dans la boue, viennent ajouter à la variété du paysage. Cette caravane d'hommes, de chariots, de troupeaux, rappelle les migrations des anciens peuples. Tel devait être l'aspect des bandes de Francs traversant les marais du Rhin, pour venir conquérir la Gaule et lui donner son nouveau nom.

Le passage du Góis a été comparé à celui de la mer Rouge, mais sans juste raison. La mer, d'après le récit biblique, s'était divisée et formait une muraille, à droite et à gauche: ici elle ne se voit qu'au loin reflétant les rayons du soleil.

La sortie a lieu à la Bassotière, près de la pointe de la Cassie, par un pierré longeant les desséchements de la Société d'endiguement et de drainage (124 hect.). Sur l'extrémité de la digue de pieuses

paille hachée, séchées au soleil, dont les paysans du marais et ceux de Barbâtre se servent comme combustible. Ils fournissent une cendre recherchée comme engrais.

(¹) Le nombre des ânes est d'environ 1,200. Il en est beaucoup exporté au continent.

mains ont élevé une croix, pour engager à la prière ceux qui se trouvent en péril dans le gué.

Passage avec de l'eau ou à prime marée. — Tout voyageur prudent sera *sorti* du Pé au moins 2 heures 1/2 après l'heure de la basse mer, et même avant, à l'époque des quartiers, s'il ne veut pas s'exposer à passer 7 heures dans une cage-refuge. Mais pour arriver plus vite, pour ne pas manquer un train, il peut *primer la marée,* c'est-à-dire passer avant l'assèchement complet du gué. Les chevaux ont de l'eau jusqu'au poitrail, font jaillir des embruns, et la mer atteint l'essieu des roues. Il est difficile de se soustraire à une certaine émotion ; cependant quand la mer baisse véritablement, ce mode de passage n'offre pas plus de danger que si elle était complètement basse.

Passage de nuit. — Ici les émotions sont accrues par la solitude et par le silence que troublent seuls les bruits lointains de l'Océan et les cris stridents des oiseaux. Les feux sont allumés, en hiver du moins, feux blancs dans le gué, feux rouges sur les côtes. Ils indiquent la route qui, vers le milieu, fait un léger coude à concavité nord.

Si la nuit est belle, éclairée par la lune et les étoiles, le voyage est charmant. Mais si le ciel est noir, surtout si le vent de S.-O. souffle en tempête, il arrive aux plus braves de se signer et de recommander leur âme à DIEU. Les piquets ne se voient plus ; la route ne se reconnaît qu'au bruit des roues sur le macadam ; les flots viennent battre la voiture, tandis que la pluie et le vent fouettent le cheval à la tête et l'empêchent d'avancer ([1]).

Parfois la mer est phosphorescente. Les pas du cheval et le sillage de la voiture laissent des traces lumineuses. Si le voyageur descend et prend de l'eau dans ses mains, elle retombe en gerbes d'une lumière, non pas vive et brillante, mais bleutée et semblable à la trace de la friction d'une allumette. D'autres fois, le mouvement de l'eau donne lieu à des milliers de vives étincelles.

La phosphorescence est due à de petits animaux apparaissant en grand nombre aux jours d'orage, aux noctiluques et à de délicieuses méduses transparentes, blanches ou teintées de rose ou de violet. Aucun tissu employé par les femmes n'est compa-

([1]) Il est souvent arrivé à l'auteur de traverser le Gois la nuit et par d'effroyables temps, mais toujours sans accident, grâce au regretté M. Lassourd, maître de l'hôtel de la Boule-d'Or, ou aux excellents conducteurs auxquels il s'était confié.

On peut avoir grande confiance dans les cochers de la voiture publique, dans MM. Lassourd fils, Izacard et Caillaud et la plupart des conducteurs du pays,

rable à celui dont DIEU a orné ces êtres dédaignés entre tous. Et cependant, pour eux, les heures remplacent les années et leur vie consiste à naître, se rechercher et mourir ([1]).

Pendant le rude hiver de 1879 à 1880, le passage devint d'une difficulté extrême ; les glaçons de la Loire, poussés par le flot, venaient s'y échouer ; la poste dut être faite par les piétons ([2]).

([1]) *Lumière sans feu, mais non sans vie (Le Monde de la mer,* par Alfred Frédol). Spallanzani a fait un grand nombre d'expériences sur la lumière des méduses et en particulier sur celle de l'aurélie phosphorique. Il a reconnu que cette remarquable propriété réside dans les tentacules, la zone musculaire du corps et l'estomac. Le reste de l'animal ne brille que par reverbération. La source de la phosphorescence est due à la sécrétion d'un liquide visqueux, qui suinte à la surface des organes. Si l'on mêle cette humeur à d'autres liquides, ceux-ci deviennent phosphorescents.

La phosphorescence est sous l'influence du système nerveux et par là même de la volonté de l'animal, quoique ces êtres sans cervelle paraissent avoir peu de volonté.

Les nuits où la mer *lampe,* suivant l'expression des marins, la pêche au chalut est presque sans résultats ; les poissons voient le filet et fuient devant lui.

([2]) Le froid fut pourtant beaucoup moins vif que sur le continent ; les figuiers, les lauriers, les grenadiers, les magnolias, résistèrent, tandis que ces arbres périrent presque tous à Nantes et dans les départements voisins.

Le Gois a son histoire qui n'est pas sans intérêt.

En 843, les Nantais tombés entre les mains des Normands, après le meurtre de l'évêque saint Gohard, furent transportés à Noirmoutier. Profitant d'un moment où les pirates, ivres de vin, se disputaient leurs dépouilles, ils se dégagèrent de leurs liens et traversèrent, à basse mer, moitié à pied, moitié à la nage, les sables séparant l'île du continent.

De 1766 à 1767, les Noirmoutrins travaillant à la Crosnière, sachant que quelques-uns d'entre eux avaient réussi à passer à pied du rivage de Noirmoutier à celui de Beauvoir, prirent l'habitude d'aller et de venir en ligne directe de la Bassotière à leur desséchement. Quelque temps après, un nommé Gauvrit, tailleur à Barbâtre, marchant difficilement, parce qu'il était infirme, franchit le Gois à cheval et depuis ce jour la grève est fréquentée par une foule de chariots attelés de bœufs ou de chevaux (1).

Le 12 octobre 1793, Charette, ayant des intelligences à Barbâtre, traversa le gué à une heure du matin. Le chef vendéen, pour éviter le passage ordinaire, qui était gardé, descendit dans la mer au

(1) Le premier qui ait passé le Gois en bicyclette est M. Gautier, d'Alençon.

lieu appelé l'Arche-de-l'Eglise, et, dirigé par de bons guides, aborda près de la Maison rouge (1).

Lors du retour offensif des républicains (nuit du 2 au 3 janvier 1794) (2), Jordy essaya de débarquer, à l'aide de gabares, sur la côte de Barbâtre, entre le fort de la Cassie et celui de la Grande-Rouche. Grièvement blessé vers 3 heures du matin, il réussit à triompher de la résistance opiniâtre des Vendéens, après avoir perdu 130 hommes et eu 200 blessés. Dès que la mer commença à baisser, Haxo, commandant de l'expédition, le général en chef Turreau et les représentants du peuple Bourbotte, Turreau et Prieur de la Marne, s'élancèrent dans le Gois avec 2,000 hommes pour faire leur jonction avec lui.

Au retour de cette expédition, le général Aubertin raconte qu'il faillit se perdre dans le gué. Il accuse son guide d'avoir été de connivence avec l'ennemi (3).

En 1800, le Gois fut témoin d'un beau fait d'armes des paysans de Noirmoutier et de Beauvoir, les

(1) Ch. de Sourdeval, *loc. cit.*, page 69.

(2) La plupart des auteurs donnent la date du 2; Piet, qui faisait partie de l'expédition, celle du 4. D'après la lettre adressée par les représentants du peuple au comité du salut public, l'Ile fut prise, en réalité, le 14 nivôse an II (vendredi 3 janvier 1794).

(3) *Mémoires du général Hugo.*

premiers sous les ordres de Solin-Latour, les seconds sous ceux de Mourain-Bijonnière.

Pendant la soirée du 1er juillet (12 messidor, an VIII), douze à quinze chaloupes canonnières se détachant de l'escadre du commodore Warren, mouillée dans le Fain, vinrent brûler en Fromentine de nombreuses barques chargées de blé. Sur les deux rives les paysans exaspérés assistaient à ce spectacle. Au retrait de la mer, les chaloupes anglaises s'échouèrent sur la vase. Noirmoutrins et Beauvoirins, armés de mauvais fusils, de faux, de bâtons ferrés, descendirent dans le gué, se ruèrent sur les Anglais, s'emparèrent de leurs péniches et leur firent 200 prisonniers, dont 4 officiers.

Cette victoire eut des suites sur lesquelles les vainqueurs ne pouvaient compter. Un petit coin de terre perdu dans l'Océan allait dicter sa volonté à une des plus puissantes nations du globe. L'Angleterre, pour racheter ses prisonniers, s'engagea à ne plus reparaître sur nos côtes, pendant la guerre, et renvoya de ses pontons tous les marins de la baie (1).

(1) Voir Piet, page 633 ; Mourain de Sourdeval, *Passage du Gois, Journal des Haras*, 1853. Ed. Gallet, *La ville et la commune de Beauvoir*, et Viaud-Grand-Marais, *Un fait d'armes vendéen en 1800, Revue de Bretagne et de Vendée*, 1872.

Le premier Consul voulut voir les héros de ce combat. Il leur donna audience le 3 septembre, remit à chacun une somme d'argent et une carabine d'honneur et leur demanda en quoi il pouvait leur être agréable. « En nous rendant nos curés, répondit l'un d'eux. » L'adroit politique voulant pacifier la Vendée, se hâta de faire droit à leur demande (1).

Si les grands faits du Gois sont connus, que de petits faits intéressants sont restés et resteront dans l'oubli !

Un beau soir d'été de 1822, la mer surprit une troupe de saltimbanques se rendant à Noirmoutier. Voiture, cheval, loques de pitre et de paillasse

(1) Douze hommes furent présentés au premier Consul, les six de Noirmoutier furent *Julien-André Lassourd, Sébastien Palvadeau, Jean Penisson, François Boutet, Isidore Milsent* et *Mathurin Perchais*. C'est pour leur famille un titre d'honneur. Voir une vieille estampe du temps (Basset, rue Saint-Jacques, Paris). Elle porte comme suscription : *Les douze Vendéens, qui ont chassé les Anglais de Noirmoutiers, présentés le 16 fructidor, an 8, aux consuls, aux ministres et conseillers d'Etat assemblés, par le ministre de l'Intérieur et le général Hédouville. L'un de ces braves remet aux secrétaires la lettre d'un prêtre du pays, qui a contribué avec eux au succès de cette action, et assure le premier consul de la bonne conduite de ce prêtre et de ses confrères. Buonaparte, d'après l'avis de l'assemblée, donne ordre que l'on admette de suite au Prytanée un enfant de chacun de ceux qui parmi ces défenseurs de la Patrie se trouve être père de famille.*

furent entraînés par les flots. Les saltimbanques se réfugièrent sur une balise. Pour appeler du secours, ils organisèrent un concert, en plein vent, d'un nouveau genre, dans lequel l'harmonie fut ce qui les préoccupa le moins. Fifres, grosse caisse, tambours, cors de chasse, triangle et chapeau chinois firent un bruit d'enfer.

Les mouettes eurent peur ; elles poussèrent un cri rauque et déployèrent au loin leurs ailes grises.

Trois navires étaient mouillés en Fromentine, et sur l'un d'eux, *la Mélanie,* se trouvait, en qualité de novice, M. Truhin, de Nantes, à qui nous devons ce récit. Les capitaines, surpris d'un bruit aussi inusité, se rendirent compte de sa cause à l'aide de la longue-vue, et envoyèrent un canot recueillir ces bruyants naufragés.

Un autre jour, des commis-voyageurs un peu gais montent dans le refuge le plus rapproché de la Bassotière et s'y installent avec du champagne et des huîtres. Ils disent au conducteur, Guillaume Boco, homme de cœur et de dévouement, d'aller porter ses dépêches en ville et de revenir les prendre. S'ils ont besoin de lui, ils lui feront signe avec un mouchoir, sinon la diligence attendra sur la digue.

A son retour, Guillaume vit un mouchoir flotter. La mer commençait à baisser, pas assez toutefois pour qu'il pût atteindre la balise. Il essaya de se servir d'un canot, mais, meilleur conducteur de voiture que d'embarcation, il ne put lutter contre le courant. Cependant deux, trois, quatre mouchoirs s'agitaient au sommet de la cage-refuge. N'écoutant que son courage, il s'élança dans l'eau, haute de plus d'un mètre, et ramena un à un, à terre, ses gens dégrisés, brisés par le mal de mer et jurant qu'on ne les y reprendrait plus.

Le passage n'offre plus aucun danger dans la belle saison, mais présente toujours le curieux spectacle de son animation et de son étrangeté.

Le voyageur, tout en admirant cette pittoresque traversée, se demande pourquoi on n'en supprime pas les inconvénients par des digues, transformant Noirmoutier en presqu'île. L'heure ne semble pas encore venue; il serait à craindre que les courants détournés de leur direction naturelle ne vinssent couper l'île en deux au niveau de la Guérinière. De plus, l'entonnoir vaseux du Pé a son utilité pour la navigation côtière, et, dans les cas de guerre maritime, il sert de refuge aux navires de faible tonnage.

Au delà du Gois, la route traverse la plaine de Barbâtre, arrive dans ce bourg (2 kil.), le côtoie, passe par la Maison-Rouge (1/2 kil.), rencontre les sables de la Tresson ou de la Parée-Coupée et atteint la Guérinière (5 kil. de Barbâtre et 5 kil. de

Noirmoutier). Elle fait un coude à la sortie de ce dernier village et remonte à l'E., vers la ville, dont on aperçoit, depuis le Gois, le château à tourelles et le clocher roman.

La route actuelle est beaucoup plus courte que ne l'était la Grande-Charraud suivie par les armées de Charette et d'Haxo. Celle-ci, très sinueuse, serpentait au milieu des marais salants, se rapprochait de l'Epine, traversait l'étier de l'Arceau sur le pont de ce nom, le Grand-Etier sur le Grand-Pont et venait aboutir à la Croix-des-Cinq-Chemins.

La nouvelle route, plus directe, coupe l'étier des Coëfs, au pont de Bonne-Pogne, et les deux autres plus près de leur embouchure. Elle est presque droite de la Guérinière en ville, où elle fait son entrée par l'écluse, laissant à gauche une partie de la grande rue.

II. — VOIE DE FROMENTINE [1].

Cette voie, suivie par les voyageurs manquant à Beauvoir l'heure du Gois, sert aussi à ceux venus de l'île d'Yeu ou de Saint-Jean-de-Monts. Elle n'est possible que par un beau temps, à cause du passage du Goulet dans un canot non ponté, conduit par un seul homme.

[1] Voir *Etudes physiques et historiques sur le détroit ou Goulet de Fromentine,* par P. Simoneau.

Trajet : Route de voiture de Beauvoir à la Barre-de-Monts, 8 kil. (1 heure) ; prix : 1 fr. 50. — Traversée de Fromentine en petit bateau à voile, 1 kil. environ à mer haute (1/4 d'heure, ou plus, suivant les bordées à prendre) ; prix : 0,30. — Route de la pointe de la Fosse à Noirmoutier, 15 kil.; elle n'est pas desservie par un service de voitures.

Le courrier de la Barre part aussitôt l'arrivée de celui de Bourgneuf.

Au sortir de Beauvoir, la route laisse à droite celle du Gois, puis la maison de Saint-Pierre bâtie sur l'ancien prieuré de Saint-Pierre-des-Champs ou des Jacobins, où saint Goustan mourut en 1040 (¹). Elle traverse une plaine nue, dont les champs et les prés sont entourés de fossés et arrive au Grand-Pont (3 kil.), village situé sur le Grand-Etier et principal port actuel de Beauvoir.

A peu de distance, un moulin et une ferme portent le nom de l'Ampan, rappelant l'ancienne station d'*Ampennum*, dont il est parlé dans les chartes jusqu'en 1349. Des fouilles mériteraient d'être faites sur ce sol jonché de tuiles à rebord, de briques et de pierres de délestage.

La voie s'incline à l'O. et traverse l'étier du Perrier, recevant les eaux du marais du pays des Monts, tandis que le Grand-Etier venant de la Garnache et de Pont-Habert sert de déversoir aux

(¹) *Notes sur saint Goustan*, par Am. Gallet.

marais de Challans, de Sallertaine, de Saint-Gervais et à une partie de celui de Beauvoir. Ces deux étiers munis d'écluses et régis par des syndicats, se jettent par une embouchure commune dans le détroit de Fromentine, à la Pointe-aux-Herbes, ancien port de la Fourche (*Furcæ portus*), où vinrent atterrir, en 836, les moines de Noirmoutier, avec les restes de leur fondateur et ceux de saint Viaud, suivis par une grande partie de la population de l'île (1).

L'horizon est borné au S. par des dunes semées de pins, sur lesquelles se détachent la Barre-de-Monts (1,510 hab.). On laisse ce bourg à gauche, et, passant au milieu de sables maritimes, où des figuiers croissent à l'état sauvage, on atteint le village de l'Embarcadère, point de départ du bateau-poste de l'île d'Yeu.

Le pays de Monts doit son nom aux grandes dunes qui, dans cette partie du littoral, bordent la côte ; il comprend les trois communes : Saint-Jean, Notre-Dame et la Barre.

Le village de l'Embarcadère ne consiste que dans

(1) D'après une tradition, que se transmettent les paysans voisins de l'étier, les reliques ne furent pas débarquées à la Pointe-aux-Herbes, mais plus près de l'Ampan, au lieu dit les *Douves de Saint-Filbert*.

une auberge et quelques maisons, près desquelles croît une narcissée rare, à fleurs odorantes, blanches rayées de vert, le *Pancratium maritimum*.

Le passage dans le batelet est charmant si le vent et le courant sont favorables, sinon, il faut louvoyer et prendre patience.

On ne trouve sur l'autre rive, à la Fosse, aucun moyen de transport, à moins, qu'au départ de Beauvoir, une voiture n'ait été demandée à Noirmoutier par télégramme.

La route de 5 kil. est tracée dans des sables brûlants, embaumés par les senteurs de l'immortelle et de l'œillet des dunes. Elle passe par la Frandière, gros village bâti au milieu de figuiers et de mûriers, et rejoint à Barbâtre celle du Gois. A Barbâtre, on peut se procurer une voiture chez M. Pierre Renaud (1).

III. — VOIE DE PORNIC ET DE LA BAIE DE BOURGNEUF.

Trajet de Nantes à Pornic : Chemin de fer de l'Etat (gare de la prairie au Duc), 57 kil. (1 h. 30 à 2 h. 22). Prix : 6 fr. 10,

(1) Un projet, qui ne peut tarder à s'exécuter, fera de Fromentine la voie la plus rapide entre Noirmoutier et Challans.

Un chemin de fer à voie étroite joindra la gare de Challans à l'Embarcadère (24 kil., 500 m.).

Stations : *Pont-Habert* (pour la banlieue de Challans). — Les

4 fr. 55, 2 fr. 05. — Billets de bains de mer valables un mois, aller et retour, prix : 7 fr. 50, 5 fr. 60, 3 fr. 90.

De Pornic à Noirmoutier : Bateau à vapeur, 8 milles marins, soit 15 kil. environ (1 h.) ; prix : 2 fr. ; aller et retour, 3 fr. — Prix d'une barque frétée exprès : aller et retour, 20 à 25 fr.

Omnibus de Pornic à la Noveillard, prix : 0,50 ; avec bagages, 0,75.

Du Bois de la Chaise à Noirmoutier : 1 kil. 1/2. Omnibus, prix : 0,50. Anes, prix à débattre ; en général aller et retour, 1 fr.

Deux steamers font, du mois de juillet à la fin de septembre, entre Pornic et le Bois de la Chaise, un service aussi régulier que le permettent les vents et la marée : le *Goéland*, de la Cie de la Basse-Loire, ayant la correspondance du chemin de fer de l'Etat, et le *Boyton*, de la Cie Oriol, le premier en date pour la traversée de la baie. Ils partent aussitôt l'arrivée des principaux trains et

Quatre-Moulins (pour Sallertaine), — *Saint-Gervais*, — *Beauvoir*. (Le tramway abandonnera, près de la gare de Beauvoir, la route départementale pour rejoindre celle de la Barre.) — *Le Grand-Pont*, — *la Barre*, — *l'Embarcadère*. Trois trains par jour. Un bac à vapeur correspondant avec les trains, conduira de l'estacade de l'Embarcadère à celle de la Fosse, où l'on trouvera un service de voitures.

reviennent à Pornic pour correspondre avec ceux qui remontent vers Nantes ([1]).

Le trajet de Nantes à Bourgneuf (42 kil.) a été décrit page 33. Au sortir de Bourgneuf, la voie fait une courbe et se dirige vers le N.-O. au milieu de marais salants.

Stations : Les Moutiers (46 kil.), bourg fréquemment inondé par la mer. Vue sur la baie de Bourgneuf et, au loin, sur Noirmoutier. Dans le

([1]) Voici l'affiche indiquant les départs du *Goéland*.

DÉPARTS DE PORNIC.

Du 1er juillet au 15 août : 9 h. du matin, 2 h. 30 du soir, 7 h. du soir.

Du 16 août au 4 septembre : 9 h. du matin, 2 h. 30 du soir, 6 h. 30 du soir.

Du 5 septembre au 30 septembre : 9 h. du matin, 2 h. 30 du soir, 5 h. 30 du soir.

DÉPARTS DE NOIRMOUTIER.

Du 1er juillet au 4 septembre : 5 h. 50 du matin, 12 h. 30 du soir, 5 h. du soir.

Du 5 septembre au 30 septembre : 5 h. 50 du matin, 12 h. 30 du soir, 4 h. du soir.

Ces départs peuvent être légèrement modifiés par les heures des marées ; une affiche spéciale du service et les indicateurs de la Compagnie donneront les heures exactes du départ de chaque jour. Sur l'horaire de la Compagnie un signe particulier indique si les embarquements et les débarquements se font au port, ou à la Noveillard.

cimetière, curieux petit édifice, appelé la *lanterne des morts* ([1]).

La Bernerie (49 kil.), station balnéaire ; source ferrugineuse. Du chemin de fer, la vue s'étend sur la baie et sur Noirmoutier, où l'on distingue, de droite à gauche, le bois de la Blanche, l'anse sablonneuse de la Claire (au-dessus de laquelle apparaît le clocher de la ville), le Bois de la Chaise et son phare, la grève et le bois du Sableau, les terres basses de la Guérinière et de Barbâtre.

Le Clion (54 kil.). A droite, est l'étier de Haute-Perche, allant se jeter dans le port de Pornic.

Pornic (57 kil.). Jolie petite ville de 1,980 habitants, bâtie en amphithéâtre, avec des jardins suspendus. « Les maisons percées au hasard, écrit P. Eudel, le spirituel historien de l'Hôtel Drouot, se tiennent les unes sur les autres, comme des curieux sur la pointe des pieds, pour mieux voir la foule » ([2]). — Plages du Château ou des Dames, du Jardinet, de la Noveillard. Port bordé de quais ;

([1]) Au-dessus de ce bourg se voit l'église de Prigny, près de laquelle se trouvait autrefois un château-fort d'une grande importance à l'époque féodale. Le boisseau de Prigny a fait longtemps loi dans une partie du pays de Retz. Les Moutiers doivent leur nom aux monastères fondés par les seigneurs de Prigny. *Notes historiques sur Prigny et les Moutiers*, par l'abbé Allard.

([2]) *Pornic et Gourmalon*, Paul Eudel, 1884.

place ornée de la statue du contre-amiral Leray. Château du XIIIe ou XIVe siècle. Promenade de la terrasse. Les chalets se continuent sans interruption jusqu'à Sainte-Marie.

De l'autre côté du port, est la pointe de Gourmalon, avec son casino, ses villas, ses arbres qui viennent à ravir, et ses collections de rosiers. Elle offre aux baigneurs l'anse des Lapins, à l'entrée du port; dans la baie, celle de la Source, appelée ainsi à cause de la source ferrugineuse de Malmy.

De Pornic on distingue nettement l'île de Noirmoutier, ses plages, le Bois de la Chaise et le phare des Dames.

La traversée de Pornic au Bois de la Chaise est, par un beau temps, une partie de plaisir. Elle dure à peine une heure; la mer est habituellement douce, les capitaines sont prudents et l'on ne quitte pas la côte de vue.

Le navire, à mer haute, part du port, où l'embarquement est facile. On doit, à mer basse, aller le chercher à la Noveillard, à deux kilomètres de la gare, et descendre dans un canot agité par le ressac.

En quittant Pornic, le steamer passe au N.-O. de la basse Notre-Dame, ou, si la mer le permet, entre ce haut-fond et le Caillou. Deux tours, souvent surmontées de cormorans alignés comme des pêcheurs à la ligne, indiquent ces écueils.

De l'arrière, la vue s'étend sur la ville, l'entrée du port, les chalets. A gauche se voient la plage des Grandes-Vallées, Sainte-Marie, avec sa jolie église à flèche en pierres blanches, le clocher de la Plaine derrière un pli de terrain (1), Préfailles, la pointe de Saint-Gildas et l'entrée de la Loire. A droite, Gourmalon et ses villas, les deux Birochères, la Joselière; dans le fond de la baie, la Bernerie et les Moutiers; sur le rivage qui fuit vers l'est, Bourgneuf et le bois du Collet. La ligne de terre, formée par des digues, est au niveau de la mer, au-dessus de laquelle émergeront plus loin le clocher de Bouin, le bois de Fontordine, Beauvoir.

Les distractions ne manquent pas à bord, surtout par un beau temps. C'est une mouette qui plane et fond comme l'éclair sur le poisson qu'elle vient d'apercevoir. Des bandes de dauphins jouent au milieu des vagues. On les distingue des marsouins à leur museau plus effilé (2). Les pêcheurs saluent l'arrivée des dauphins comme un heureux présage.

Plus rarement un énorme poisson, aplati transversalement, l'*Orthagoriscus Mola,* ou Lune-de-mer, se

(1) Le clocher de la Plaine est un point de repère important pour la navigation; il est regrettable qu'il ne soit pas plus élevé.

(2) Le véritable marsouin se voit, au contraire, chassant ou plutôt pêchant en meute, à l'entrée de la Loire.

montre au-dessus des flots comme une étrange apparition. « Ses côtés et son ventre ont une couleur argentine resplendissante, et pendant la nuit il brille d'une lumière phosphorique, qu'il doit à une substance huileuse dont son corps est imprégné ; elle lui donne, à la surface des flots, l'aspect du disque lumineux de l'astre des nuits. Lorsqu'on veut le saisir il fait entendre un grognement très marqué (1). »

Il n'est pas rare de voir, autour du bateau, nager avec des mouvements d'ombrelle qui s'ouvre et se ferme, de grosses méduses blanchâtres couvertes d'un enduit visqueux. Les savants leur donnent le nom de rhizostomes ; les Noirmoutrins celui de *margouilles* (2).

Il faut être bien prédisposé au mal de mer pour l'avoir dans un si court trajet.

(1) F. Piet, p. 229. On ne doit donc pas dire d'une façon absolue : *muet comme un poisson*. Un bel échantillon de la lune-de-mer, harponnée par M. Rogatien Lévesque, se voit au Musée d'histoire naturelle de Nantes.

(2) Quand les méduses ou rhizostomes viennent s'échouer à la côte sous forme de masse gélatineuse, leur substance se dissout et se réduit à presque rien. Elles présentent un curieux parasite amphipode, l'hypérie de Latreille, dont le mâle est si différent de la femelle, qu'il a été longtemps considéré comme d'un autre genre.

Si toutefois le navire présente l'avant à la lame (*tangage*), ou est pris par elle en travers (*roulis*) et que l'on ne se sente pas marin, mieux vaut porter ses regards au loin sur Noirmoutier. On évitera l'effet du vertige produit par le mouvement incessant des vagues et par la reverbération du soleil sur la mer. Mieux vaut encore, si le mal semble près de venir, fermer les yeux et penser aux belles choses écrites sur les flots depuis le Psalmiste jusqu'à nos jours [1].

La moitié de la route est parcourue, ce qu'indique la tour de Pierre-Moine, rayée de rouge et de blanc, venant se placer dans l'alignement de celles du Pilier.

Les détails deviennent plus nets. En face se voient le Bois de la Chaise et le phare des Dames. A droite, la petite anse des Fontenelles, la tour Plantier, appartenant à M. Charier-Fillon, l'ancienne batterie du Tambourin, l'anse des Souzeaux, avec ses chalets, bordée par le bois de Grande-Lande, la masse rocheuse du Cob détachée de la pointe voisine et

[1] Ne pas s'embarquer à jeun et se tenir autant que possible au grand air, à l'arrière du navire, sont de bonnes précautions. Un citron, des pastilles de menthe, un peu de vieux cognac, soulagent, si le mal commence à venir, et aident à gagner du temps. Les préparations de coca donnent souvent de bons résultats. Le chloral n'est pas nécessaire pour un si court trajet.

transformée en îlot à haute mer, l'anse de la Claire, le Vieil, le bois de la Blanche, l'Herbaudière ; au large, le Pilier.

A gauche, se dessine l'anse des Dames avec ses cabanes et son restaurant, le fort Saint-Pierre, les restes d'un fortin sur une pointe avancée, la plage du Sableau, à sable blanc, contrastant avec la couleur rouge de celui de l'anse des Souzeaux, l'entrée du port ; plus à l'est, la Guérinière et Barbâtre avec leurs églises et leurs moulins.

Le bateau jetait autrefois l'ancre à deux ou trois encablures (soit à 400 ou 600 mètres) du rivage que l'on rejoignait en canot. Une estacade établie au bas de la Chambre des Dames rend le débarquement facile ; elle fait regretter la lenteur mise à la construction de celle de la Noveillard.

La route conduisant en ville est de 1,500 mètres, passe devant les chalets, laisse à gauche le bois de Pélavé, à droite le mur d'enclos des Sorbets et atteint le puits d'Aquenette (*Aqua nitida*) (1). A partir de ce point elle est bordée de peupliers et tourne à droite vers la croix de Saint-André se voyant de loin ; puis elle incline à gauche, longe la fontaine minérale et aboutit, en ville, à la rue du Grand-Four.

(1) D'après un dicton populaire : *Qui a bu de l'eau d'Aquenette en boira*, c'est-à-dire reviendra à Noirmoutier.

CHAPITRE IV.

La ville de Noirmoutier.

Eglise avec deux prêtres. — Deux chapelles. — Hôpital (princ. fond. : le Dr Lefebvre et L. Impost). — Orphelinat (fond. : Mme ve Guérin-Richer). — Ecole maternelle (fond. : Mmes Impost et Richer.) — Asile des vieillards, sous la direction des Sœurs de la Sagesse. — Bureau de bienfaisance. — Ecoles laïques de garçons et de filles. — Ecole de filles (internat et externat) tenue par les dames Ursulines de Chavagnes. — Société de sauvetage (prés. du com. loc. : M. A. Herbelin). — Société philharmonique, fondée par M. J. Pineau.

Bureau de poste ; télégraphe. — Quartier maritime.

Deux médecins, un pharmacien.

Trois hôtels. — Nombreux appartements garnis à louer.

Voitures à volonté. (*Voir aux annonces*).

La ville de Noirmoutier avec ses faubourgs (Banzeau, le Moulin-Raimbaud, Beaulieu et Rouault) compte environ 2,000 habitants. Ses maisons sont assez irrégulièrement groupées autour du château et de l'église ; elle s'étend surtout dans la direction du N.-O.

L'EGLISE dédiée à saint Filbert, est bâtie sur l'emplacement de l'ancienne chapelle claustrale de l'abbaye bénédictine, consacrée à la sainte Vierge par le fondateur du monastère.

Brûlée par les Sarrasins en 732, par les Normands en 830, elle a été plusieurs fois reconstruite.

Elle présente des restes de différents âges et fut remaniée dans son ensemble en 1759, à la suite d'une visite de Mgr Gauthier-d'Ancyre.

Sa tour romane, d'une belle élévation, ne date que de quelques années ; elle est l'œuvre de MM. Lesant et Clériceau [1].

L'abside, du XIIe siècle, forme la partie la plus ancienne. L'aile droite, du XIVe, fut ajoutée à la chapelle des moines pour le service religieux des habitants, devenus trop pauvres, après les dévastations des Anglais, pour reconstruire leur église paroissiale de Saint-Michel. La partie gauche du transept date de la fin du siècle dernier.

Un tableau, appendu à l'un des piliers du clocher, du côté de l'Evangile, représente saint Maur marchant sur les eaux pour sauver le frère Placide. Il rappelle par sa facture brillante et son dessin solide, la belle école espagnole. Dans l'aile droite,

[1] Elle a remplacé une flèche élancée recouverte d'ardoises, atteinte par la foudre, dans la nuit du 13 janvier 1840.

se voit, près de l'autel, un arceau, reste d'un enfeu, dit les *Sept dormants,* celui sans doute que s'étaient réservé les prieurs, curés primitifs de l'église. Les statues qui le décoraient, atrocement mutilées pendant la Révolution, ont servi à la construction de la croix du cimetière.

Les retables des autels latéraux sont de la fin du règne de Louis XIV ou du commencement de celui de Louis XV. Formés de guirlandes de roses et de soleils, ils sont finement sculptés dans une pierre blanche et encadrent des tableaux d'une certaine valeur. L'autel de la sainte Vierge, orné d'une statue polychromée moderne, est le plus ancien et le plus richement décoré. Celui de sainte Anne a été construit en 1711, par Samson, architecte de la Garnache, aidé d'un sculpteur nantais du nom de Picard.

La crypte ou *chapelle de saint Filbert* est beaucoup plus vieille que l'église. Elle est située sous le chœur ; on y parvient par deux escaliers, celui de droite récent, celui de gauche remanié. Le corps du fondateur de Jumièges et de Noirmoutier reposa dans ce lieu, du mois d'août 684 au mois de juin 836. Elle a aussi renfermé celui de saint Viaud, rapporté de Scobrith, et servi, pendant les invasions normandes, de cachette pour les reliques et les vases sacrés.

« Elle mesure 8^{m},50 sur 6^{m} et la hauteur des voûtes, du sol à la clef, est de 2^{m},20. Deux rangées de colonnes la partagent en trois nefs. Ces colonnes sont aussi peu ornementées que possible ; leur base carrée n'offre qu'un tore grossier contournant le pied du fût. Le chapiteau, de forme cubique, évasé en haut, a pour tout ornement un tore, servant d'astragale, et une entaille bisautée aux quatre angles du chanfrein (1). »

Toutes les voûtes, plein cintre, prennent naissance à 15 ou 20 centimètres des chapiteaux. Des travaux exécutés, en 1863, par M. Charier-Fillon, ont fait découvrir, sous le maître-autel de l'église supérieure, la *confession*, c'est-à-dire le lieu où étaient exposées les reliques. A la partie inférieure, on trouva une pierre usée par les genoux ; au plafond, les traces des trois lampes brûlant nuit et jour, dont parle Ermentaire dans sa vie du Saint. M. le curé Pinet a fait placer dans cet endroit une statue de saint Filbert, due au ciseau de M. Potet.

La crypte daterait-elle du VIIe siècle ? Telle était l'opinion de Gautier du Mottay et de Marionneau. M. Gaston Girault ne l'a fait remonter qu'au Xe, mais sur des bases plus anciennes.

L'enlèvement d'un banc de pierre, qui en faisait

(1) J. Piet, p. 57.

le tour, a mis à nu des embrasements de fenêtres. Elles prenaient jour par le fait même de la déclivité du terrain en contre-haut du sol extérieur [1].

Près de la fenêtre actuelle, une plaque de marbre encastrée dans le mur porte l'inscription :

CY EST LE CŒVR DE TRÈS HAVT ET PVISSANT SEIGNEVR
MESSIRE FRANÇOIS DE LA TRÉMOILLE,
MARQVIS DE NOIRMOVTIER,
QVI DÉCÉDA LE 14e JOVR DE FEBVRIER 1608.

Entre les quatre premières colonnes, se dresse un cénotaphe, plusieurs fois retouché, appelé le *tombeau de saint Filbert*. Plus long que large et se terminant en pignon, il n'a d'autre décoration qu'une croix en relief, aux extrémités à dessin mal défini, qui paraît être du xe siècle. Chacun des murs composant le tombeau est percé d'une ogive sous laquelle on passe en rampant. Cette crypte, d'après Ermentaire, a été témoin de nombreux miracles.

Le prieuré, rebâti au xviie siècle, au nord de l'église, ne présente plus rien à noter.

Un souterrain unissait l'abbaye au château, per-

[1] On a trouvé sous le dallage des ossements et une colonne dont le chapiteau rappelle ceux de l'église Saint-Laurent, à Grenoble. Elle soutient un tronc placé près d'une des portes.

mettant aux moines de se réfugier dans la forteresse en cas d'alerte.

François III, premier marquis de Noirmoutier, dont il vient d'être parlé, prit une part active aux guerres de Religion. Dévoué aux derniers Valois, il servit, avec la même fidélité, Henri IV, devenu roi de France. Il avait épousé la belle Charlotte de Baune-Samblançais, qui avait précédemment joué un rôle important à la cour de Catherine de Médicis, sous le nom de Mme de Sauves.

Contrairement au puissant duc de Thouars, chef de sa famille, il était resté catholique, tout en gardant rancune aux ligueurs pour l'avoir fait prisonnier à Château-Giron.

En juin 1588, il se jeta dans l'île, prêt à la défendre contre tout ennemi du dehors ou du dedans. La situation était critique ; les Hollandais avaient ravagé ses terres ; le peuple murmurait, ballotté entre les divers partis ; le roi de Navarre était aux portes. Une flotte espagnole commandée par don Diego Brochero et don Juan d'Aquila, venue au secours du duc de Mercœur, ayant tenté une descente, perdit 800 hommes ; tant tués que noyés.

François paraît avoir eu maille à partir avec ses vassaux presque tous ligueurs. On lit sur le vieux registre :

Le XVe jour du mois de juing vint M. le marquis qui est fortement irrité contre son povre peuple et ne avait que peu de pitié d'icelui. D. p. s. s. g. l. v. a. (Dieu par sa sainte grâce le veuille apaiser) !

Une précédente note du dit registre, biffée par de nombreux traits de plume, explique sa colère; elle attribue la mort du duc de Guise et du cardinal à Mlle de Sauvries, nom probablement déformé de Mme de Sauves (1).

LE CHATEAU, qui donne à la ville son caractère particulier, fut construit par l'abbé Hilbold, vers 830, pour mettre les moines à l'abri des incursions des Normands.

Il forme un quadrilatère d'environ 100 mètres de long sur 50 de large, composé d'un donjon et d'une enceinte extérieure. Celle-ci était flanquée de quatre tours ; les deux du sud ont été détruites par les Hollandais et la porte actuelle a été établie sur leurs ruines (2).

(1) La correspondance de François III, qui nous a été communiquée, avec une extrême complaisance par M. le duc de la Trémoille, nous le montre à Noirmoutier en 1591 et 1604, à Beauvoir, en 1605, et de nouveau à Noirmoutier, en septembre 1607.

(2) Le *Château de Noirmoutier et ses seigneurs,* par le Dr Viaud-Grand-Marais ; sous presse.

LE DONJON DU CHATEAU

Les créneaux et les croix de Lorraine, dont le mur extérieur est orné, ont disparu lors de la transformation du château en caserne et en arsenal (1849).

Les tours et l'enceinte montrent par place des traces d'échauguettes et de poivrières.

La plate-forme qui domine les murs de cette enceinte était, à la fin du siècle dernier, armée de douze canons, quatre pour chaque face.

Le donjon a une tour à chacun de ses angles. Elles sont alternativement surmontées d'un toit conique et d'une terrasse. Dans l'une d'elles est installé un télégraphe optique communiquant avec Saint-Nazaire et l'île d'Yeu.

L'escalier de pierres du donjon offre à sa partie supérieure, une porte plein cintre avec coulisse pour la herse, et, sur le mur du midi, deux fenêtres géminées, l'une à ogive trilobée, l'autre à simple meneau en forme de croix.

L'édifice est partagé en deux dans toute sa hauteur par un mur de refend. Les étages sont séparés par des planchers reposant sur des madriers et non sur des voûtes.

On remarque dans la pièce principale, une cheminée du xve siècle à sculptures curieuses, parmi lesquelles est un être fantastique à queue de poisson ou de serpent, sirène ou Mélusine.

La petite forteresse paraît du XIe siècle; elle est postérieure à la crypte et a dû être rebâtie par les sires de la Garnache, sur les ruines de celle des moines Filibertins.

Elle a été terminée au XVe, a subi de nombreux assauts, et préservé, plus d'une fois Noirmoutier, d'une ruine complète.

Sa première sortie était au nord, presque en face de la rue du Grand-Four ; le mur porte les traces d'une porte plein cintre. Plus tard elle fut placée à l'est, en face de l'église, s'ouvrant dans un pavillon flanqué de deux tourelles.

Jusqu'en 1700, la mer pénétrait dans les douves. A cette époque, le gouverneur Hersfelt ferma les issues à l'arrivée du flot, ouvrit la porte actuelle et établit sa résidence dans le donjon (1).

PLACE D'ARMES. Au sud s'étend la place d'Armes, vaste et plantée d'ormeaux. Au mois de janvier 1794, le généralissime vendéen d'Elbée, de Boisy, Duhoux d'Hauterive et Wieland furent fusillés le long du mur de la douane et enterrés à peu de distance, en face de la rue de Banzeau.

A droite s'élève l'hôtel Jacobsen, bâti en 1767.

(1) Une vieille peinture appartenant à M. H. Viaud-Grand-Marais et donnant la vue de Noirmoutier prise de Gaillardin, représente le donjon recouvert d'un toit en ardoises.

Au delà du port, la vue s'étend sur des marais salants. Le fond du tableau est formé, de droite à gauche, par la maison blanche du garde-digue de la pointe de Devin, le village et les moulins de la Bosse, la dune de Saint-Jean, dite aussi dune aux *choirs* ou hannetons (1), le village de l'Épine avec son église et ses ormeaux, les dunes de Magourd, de la Vigie, celle du Pé de l'Herce la plus haute de la chaîne, le moulin de la Loire, la Guérinière, le four à chaux de la Tresson. Plus loin dans le S.-E., se voient l'église de Barbâtre, avec sa flèche couverte d'ardoises et des moulins couronnant de hautes dunes.

Le Port n'est qu'un étier; malgré son écluse de chasse, il s'envase chaque jour. L'avant-port ou *Luzan* est borné au nord par la digue Jacobsen, qui se prolonge jusqu'au fort Larron, à 2 kil. 1/2 de la ville. En face de l'ancien fort, sur la digue opposée, a été construite une estacade.

Le port ne donne plus entrée qu'à des bâtiments de 200 tonneaux; il reçoit de 800 à 900 navires par an.

Les importations s'élèvent au chiffre moyen de 2,140 tonnes, consistant en houille, bois de cons-

(1) L'animal désigné sous le nom de *choir*, est le beau hanneton des tamarix ou *Polyphylla Fullo,* très demandé par les entomologistes.

truction, farines, boissons, bois à brûler, denrées coloniales; les exportations, à celui de 8,000 à 10,000 tonnes; sel, grains, pommes de terre, fèves, pierres, cendres de varech.

PASSES DE L'ENTRÉE DU PORT.

La carte jointe à ce volume donne le balisage de l'entrée du port. La *Mariolle*, l'*Atelier*, *Goémonhour*, la *Chausse*, la *Vendette* et *Riberge* se composent d'une tourelle en maçonnerie surmontée d'une balise noire à voyant cylindrique. La *Préoire* est une balise rouge, constituée par un mât étayé sur trois haubans et surmonté d'un voyant conique. *Petiton* offre deux tourelles en maçonnerie, celle de babord en entrant à balise noire et à voyant cylindrique; celle de tribord rouge à voyant conique.

Une partie des bancs découvrant à mer basse, on ne peut entrer qu'à mer haute ou presque haute, en laissant toutes les balises à babord.

La pratique la plus sûre en venant de la rade du Bois de la Chaise, est de suivre une ligne brisée, où l'on trouve près de deux mètres de plus de profondeur et où l'on peut mouiller.

Après avoir reconnu la Vendette, puis la Chausse (la Préoire est trop loin dans l'E. pour qu'on s'en occupe), on gouverne au S. q. S.-E., sur le clocher de Barbâtre, dans la direction de la Chausse. Laissant cette balise à cinq encablures, on incline un peu plus vers l'O. sur Goémonhour. A deux encablures de celle-ci, au moment où la balise de l'Atelier arrive à la pointe sud du bois de l'Epine, on vient à tribord sur l'Atelier jusqu'au moment où, à une encablure de cette balise, la Mariolle est seulement engagée dans la convexité de la jetée Jacobsen. Là, nouvelle direction sur la Mariolle, qu'on laisse à 20 mètres à babord ([1]). La Mariolle passée, on gouverne sur le bout de la jetée des Isleaux. On s'engage alors dans l'espèce de goulet formé par les deux jetées en rangeant l'estacade aussi près que possible, puis l'on va longer la chaussée Jacobsen.

Le louvoyage sur les vases du port est devenu impossible pour les navires d'un certain tonnage. Il n'y a d'autre moyen, lorsque le vent n'est pas propice, que de se faire haler à la cordelle le long de la digue, en laissant toutes les balises à babord.

Il est prudent, lorsqu'on n'est pas familier avec nos côtes, de prendre un pilote ou au moins un marin de Noirmoutier, pour entrer ou pour sortir, de peur de se jeter sur les pierres.

Il reste à Noirmoutier un certain nombre de vieilles maisons : La Seigneurie ou le Grand-Logis ayant servi de demeure aux la Trémoille et transformée en magasin, Noizillac, sur la petite place, jadis habité par Beaumarchais et offrant dans ses dépendances des restes du XIVe siècle, le Manoir,

([1]) On peut mouiller en dehors de la Mariolle, mais non en dedans, à cause des courants et des pierres. (Voir *Pilote de l'Ouest*, II, p. 40.)

dans la Grande Rue, Belair, rue du Grand-Four, la Maduère, à l'union de la rue de ce nom et de celle de la Mare (d'Elbée y fut fait prisonnier), la maison de Tinguy, au puits de Lorraine, construction du XVIe siècle, dont la partie la plus intéressante munie d'un balcon et d'une tête renaissance finement sculptée, a été récemment démolie.

Beaucoup de maisons de la Grande Rue datent du XVIIe siècle, époque à laquelle une partie de la ville a été reconstruite (1).

Il ne reste rien du Reclusage, mais on retrouve les substructions de Saint-Michel, en creusant les tombes dans le champ des morts, qui, établi autour de cette église, date de douze siècles.

Edouard Richer, neveu de l'écrivain, a légué à la commune ses collections de coquilles et de minéralogie et sa bibliothèque composée surtout de livres de philosophie, d'histoire naturelle et d'histoire locale.

Au nombre de ces dons, se trouvent les ouvrages édités par les membres de l'*Académie ambulante* et la collection d'algues d'Impost.

(1) Parmi les maisons nouvelles, on doit signaler celle de M. A. Masson, rue du Grand-Four.

CHAPITRE V.

Le Bois de la Chaise et le Pélavé.

La grande attraction de Noirmoutier est le Bois de la Chaise ou mieux de la Chaise-Dieu (*sylva Casæ Dei,* le bois de l'Eglise).

Les poètes l'ont chanté et des peintres de mérite en ont représenté les plus beaux points de vue.

De nombreux étrangers viennent demander à ses plages la santé et des forces nouvelles.

Le dimanche, tous les habitants de la ville, qu'un devoir impérieux ne retient pas à la maison, s'y donnent rendez-vous.

Le bois a environ 110 hectares. La partie qui avoisine l'anse des Dames est un bien de l'Etat ; celle qui s'étend du Tambourin (1) au Cob appartient à la famille Jacobsen. Il avait été entièrement

(1) Ou pointe de la Batterie de Trente-six. On donne aussi le nom de Tambourin au corps de garde placé à l'autre extrémité de l'anse des Souzeaux.

détruit au moment de la Révolution et ses plus beaux arbres, nés sur souche, n'ont pas plus de cent ans ([1]).

Des routes partant de la ville comme des rayons le divisent en segments, de la plage du Sableau à l'anse de la Claire. Leur longueur varie de 1,500 à 2,000 mètres ; elles sont boisées dans leur dernier tiers.

La plus jolie, mais non la plus courte, est le sentier, qui se détache de la route ordinaire au puits d'Aquenette et passe au S.-E. du Pélavé. On voit de la hauteur de Gaillardin, à travers les arbres, Noirmoutier, la mer, le port et la partie méridionale de l'île.

Le sol du bois se compose de blocs de grès et de quartzites, en apparence irrégulièrement entassés ; il est toutefois possible d'en reconnaître la stratification.

Au milieu de ce chaos poussent des yeuses ou chênes verts, entremêlés de pins. L'Océan se creuse des anses dans ce fouillis d'arbres et de rochers; il se montre, à chaque instant, à travers le feuillage, sous un aspect toujours nouveau.

([1]) Richer parle de la nudité de la falaise. F. Piet écrit en 1810 : « Nous dirigeâmes notre promenade vers ces coteaux que cou- » ronnait autrefois le beau bois de chênes verts, appelé bois de » la Chaise. »

Les découpures, auxquelles il donne lieu, portent les noms de : pointe Saint-Pierre, rochers des Dames, anse des Fontenelles, tour Plantier, massif du Tambourin, anse des Souzeaux, pointe et îlot du Cob.

Derrière le Bois de la Chaise sont des pins maritimes ou *sapins* semés par la famille Jacobsen. Ils rappellent Arcachon et sont percés de larges avenues.

Grâce à l'intelligente initiative de M. Hubert, des chalets ont été construits parmi ces pins et Noirmoutier a vu décupler le nombre de ses baigneurs.

On pourrait créer une station hivernale de premier ordre, en bâtissant, sous les pins, des maisons à murs épais et à bonnes cheminées ; c'est pour le pays une question d'avenir.

L'air est pur et embaumé par les pins et les bruyères. Le convalescent respire à pleins poumons et éprouve un sentiment de bien-être, premier signe du retour à la santé (1). La température est douce en hiver, et le thermomètre de l'observatoire du phare marque, dans les jours de froid, un ou deux degrés au-dessus de ceux de la ville. Pendant

(1) Les malades, auxquels le lait d'ânesse est prescrit, pourront s'en procurer facilement et à prix modérés.

l'hiver rigoureux de 1879 à 1880, il n'est descendu qu'à —4 et un jour seulement. Les *Mimosa*, quand on faisait sauter à la dynamite la banquise de Saumur, étaient couverts de feuilles et de fleurs, au chalet de M. Masson. Des lauriers-tins, des arbousiers et autres plantes méridionales croissent sous le bois, où des circonstances fortuites ont disséminé leurs graines (¹).

La Pointe des Dames est surmontée par un phare à feu blanc du côté de l'île, rouge vers la baie et dans la direction des Bœufs. Du haut du phare, la vue s'étend sur l'île, la baie et la côte voisine et, quand le ciel est clair, sur l'île d'Yeu. C'est une ascension que le touriste doit faire, s'il n'est pas monté sur une des tours du château, d'où l'on jouit aussi d'un vaste panorama. En redescendant, le gardien, M. Gautier, lui fera remarquer, dans l'enclos, un bloc de quartzite couché sur la partie la plus élevée de la falaise. Ce pelven a trois mètres de long; l'extrémité sur laquelle il devait reposer est plate; l'autre est tronquée par suite d'une fracture.

(¹) La moyenne des trois mois d'hiver, depuis trois ans, est en ville, d'après les observations de M. L. Troussier, +5°,5. Pendant l'hiver exceptionnel de 1890-1891, elle est descendue à —4°,87. Le minimum de température noté en janvier 1891 a été —8°,2. Dans les années ordinaires, il ne descend pas au-dessous de —5°.

Dressé sur ce point culminant il devait être vu de très loin en mer.

Une boîte de secours aux noyés est déposée au phare; renseignement à retenir.

Laissant de côté la petite forteresse de Saint-Pierre et son bois délicieux, la Société se groupe vers la *Chambre des Dames*, en particulier sur un banc de pierre au niveau du sol, formant comme un petit salon (¹). Là se sont tenues, en 1861, les assises de la Société botanique de France, et l'on y assiste à l'arrivée et au départ des bateaux.

La Chambre des Dames, entassement de rochers et de grandes grottes, au milieu desquels s'élève un bouquet de chênes verts, est un des plus beaux endroits du bois. Au-dessous s'étend la baie calme et bleue comme un lac et couverte de barques. Que le vent d'ouest vienne troubler la mer, le spectacle change du tout au tout. « A cette agitation des flots, à ces bruits tumultueux, on dirait le combat des deux éléments; c'est la terre qui se défend par son inertie et qui résiste par son immobilité aux attaques de l'Océan soulevé contre elle. La terre, muette dans le calme, répond alors par des échos terribles au mugissement des mers. La mer se brise

(¹) De Puy-Lorson l'a chanté sous le nom du *Temple de l'Amitié*.

au pied des rochers avec un sourd murmure; elle pénètre dans leurs grottes profondes, et l'oreille trompée croit entendre le bruit éloigné du tonnerre. Le flot écume et rejaillit en pluie fine, que le vent apporte de toutes parts sur le penchant du coteau. L'oiseau des mers siffle dans les nuages; le vent gronde dans les anfractuosités des rochers » (1).

A la Chambre des Dames commence le *Chemin des grottes* tracé au milieu de rochers moussus, tapissés de lierre et de chèvrefeuille. Tantôt ce sentier idéal descend vers la grève jusqu'aux premiers varechs ; tantôt remonte en serpentant sur la falaise. Ici, il faut se frayer une route dans le fourré; là, se courber pour passer sous une grotte ; partout se présentent, comme fond de tableau, la mer, la côte de Pornic et le clocher de Sainte-Marie.

Souvent dans les chaudes journées des mois de juillet et d'août, on a sous les yeux le singulier spectacle du *mirage*. Il a lieu quand les couches de l'atmosphère sont inégalement chauffées. « La côte opposée paraît coupée en deux; les navires semblent voguer sur la terre et les maisons paraissent comme des châteaux aériens, parce que la base qui les soutient a disparu. »

(1) *Aspect pittoresque de l'île de Noirmoutier*, par Ed. Richer, p. 18.

Chaque grotte, chaque rocher a sa légende. Un énorme bloc de quartzite fendu verticalement porte le nom de *Rocher Saint-Pierre*. Cette longue caverne est la *Grotte de Saint-Filbert*, ainsi nommée parce qu'il aimait à y venir prier.

Au delà, le paysage devient alpestre, mais toujours avec la vue de la mer. Voici la *Grotte des Lions*, quoiqu'il n'y ait pas plus de lions que de perdrix dans l'île, où une grande tolérance règne pour la chasse. La teinte rouge de la caverne et des rochers ne tient pas au sang des victimes traînées par les fauves ; elle provient d'une algue terrestre, curieuse à examiner à la loupe. Les savants lui ont donné un de ces noms bizarres dont eux seuls ont le secret (*Chroolopus aureus*).

Par endroit, c'est un chaos de roches éboulées. Des débris de pierres ont été jetées dans les interstices pour faciliter le passage.

Plus loin, un rideau de chênes-rouvres de soixante centimètres de haut sert de garde-fou du côté de l'abîme, mais sans masquer la vue des flots. Nous arrivons à la *Grotte dangereuse*. Attention, faites-vous bien petit. Quelque jour ce gros rocher tombera, car il n'est plus retenu que par les racines d'un chêne. Que ce ne soit pas sur votre tête !

Le mode de formation des grottes est facile à

comprendre. La falaise se compose de larges couches de grès reposant sur des bancs de sable ferrugineux. La couche de sable est peu à peu désagrégée par des causes diverses ; le grès surplombe et la grotte est formée. Mais là ne s'arrête pas le travail de destruction : un jour, les derniers appuis de la table de pierre sont emportés par le vent et les eaux ; elle glisse alors vers la plage rejoindre celles qui l'ont précédée.

Au milieu des blocs entassés existait, il y a peu d'années, au bas de la Grotte de Saint-Filbert, une pierre en équilibre. Frappée par un caillou, elle rendait un son argentin et s'appelait la *Pierre qui sonne*. Elle a été brisée en deux fragments et, roulée par les vagues, est devenue une pierre sans nom.

Le sentier des grottes aboutit à l'anse rouge ou des Fontenelles, d'où un routin de chèvres remonte vers la falaise.

L'ancienne batterie du Tambourin ou de Trente-six, avec ses grottes et ses admirables rochers, avait été transformée en lieu de plaisance par les notables de la ville. Ils y avaient planté des tamarix et autres arbustes capables de résister au vent de la mer. Des cases en bois pour les bains avaient été construites du côté de la plage des Souzeaux. Une tempête a fait disparaître les cabines, et ce lieu de promenade et de réunion est devenu une propriété particulière.

Des savants vous diront pourquoi, dans l'anse des Souzeaux, le sable est coloré en noir et en rose; ils vous montreront des pierres précieuses trop petites pour être utilisées par le lapidaire, des quartz colorés par du fer, des pyrites microscopiques, des grenats et même, s'il faut les croire, des zircons.

A la pointe du Cob ou du Souvenir, la falaise s'effrite et tombe morceau par morceau. Blocs de quartzite, menus cailloux, sable ocreux viennent augmenter le désordre de la grève. Là ont été rencontrés les premiers *Sabalites* et l'auteur a fait ramasser aux membres de la Société géologique de France des empreintes de bambous.

Le Cob devient presqu'île à mer basse. Pêcheurs de moules, de *palourdes*, de *chevrettes* s'y donnent rendez-vous, tandis que les heureux propriétaires ou fermiers des écluses voisines prennent du poisson ou récoltent des huîtres.

Il a fait partie de l'île et ses blocs jetés les uns sur les autres sont de même origine que ceux de la falaise des Dames.

A mer haute, il sert de poste de pêche aux cormorans, parfois troublés par des chasseurs venant s'installer au sommet de l'ilot. Ceux-ci se laissent entourer par la marée et attendent à l'affût, pendant de longues heures, les oiseaux de mer, qui ne viennent pas toujours. *Trahit sua quemque voluptas !*

Le terrain moitié vaseux, moitié sablonneux, qui unit le Cob à la côte, est riche en pyrites et divers autres minerais de fer. A la base du Cob lui-même, se voient des quantités considérables de clous, des débris de lames tranchantes, de barres de fer, tous plus ou moins corrodés et altérés par le contact de l'eau salée (1) et parmi eux des morceaux de charbon de bois.

Ces amas de ferrailles ont été pris pour des délestages, ce qui ne permet pas d'expliquer les morceaux de charbon de bois mêlés aux débris et ceux que l'on rencontre dans l'anse des Souzeaux.

La présence simultanée de pyrites, de charbon et de fer travaillé indique qu'à une époque inconnue, un atelier métallurgique, plus ou moins primitif, existait sur cette pointe avancée.

Nous laisserons le lecteur errer seul dans la partie supérieure du bois. Qu'il ne craigne pas les fourrés; il n'existe dans l'île aucun serpent dangereux (2).

(1) Ne pas les confondre avec les débris du navire le *Wycliff*, apportés depuis près du Cob.

(2) On n'y rencontre que la couleuvre à collier, la vipérine plus douce encore, et l'inoffensif orvet.

S'il est piqué, ce ne sera que par les aiguillons d'une délicieuse églantine, la rose à feuilles de pimprenelle, faisant tapis sur le sable et couverte au mois de mai et de juin de fleurs blanches et parfumées.

A basse mer, il peut varier sa promenade et suivre les sinuosités du rivage. Plusieurs grottes ne se voient bien que d'en bas. Les rochers grisâtres prennent des teintes étranges : rouge-sang sous l'influence d'un sel de fer, tons dorés produits par un lichen, couleur d'encre causée par une verrucaire.

Une bonne canne est utile dans cette excursion, pour ne pas glisser sur les *fucus,* dont les ampoules aériennes éclatent sous les pieds.

Au point appelé *la Colonne,* des grès fins, portant de nombreuses initiales, ont un singulier aspect ; on dirait une colonne brisée ou un tronc d'arbre renversé sur les galets.

Cependant les crabes (les *chancres*) effrayés s'enfuient de côté vers les trous des roches ; les patelles ou *bernicles* se fixent plus fortement sur la pierre ; les bigourneaux et les littorines rentrent leurs cornes dans leur coquille, dont ils ferment la porte ; les actinies ou anémones de mer replient leurs tentacules : c'est tout un peuple, le monde de la mer, qui a peur de vous.

On peut, au plaisir de la promenade, joindre celui de la pêche. Pour les bigourneaux, les moules et les crabes, une poche suffit, les patelles exigent un couteau ; les chevrettes, une *chevretière* ou le filet en balance appelé *tavenet*.

Le soir, quand la lune brille au ciel, le bois est encore plus charmant, les rayons de Phébée la blonde se réfléchissent sur les flots et se jouent dans les feuilles des chênes verts, produisant les plus singuliers effets. Les bruits de la terre ont cessé. Ils sont remplacés par le murmure des eaux, au milieu duquel on saisit par moment quelques mots de la conversation lointaine.

Faut-il raconter l'histoire du Bois ? Quel rocher, quelle motte de terre n'ont pas la leur ?

Là, où de jeunes femmes dessinent, travaillent ou causent, en attendant l'heure du bain ; où des enfants blancs et roses, mais que le soleil et l'air de la mer bruniront, s'amusent avec le sable et se mouillent les pieds dans la vague qui semble jouer avec eux, Filbert est venu élever son âme, de la beauté des choses créées, vers le Créateur et le souverain maître de toutes choses et méditer sur le peu de confiance qu'on doit avoir dans l'amitié des hommes. Des princes carlovingiens, passés du faîte des grandeurs aux douleurs de l'exil, y ont compris que la gloire, les honneurs, la puissance, les richesses, ne sont que vanité et qu'il ne faut pas mettre toutes ses espérances dans ce monde, où nous passons.

Aux jours douloureux de notre histoire, ces grottes enchantées ont répercuté le bruit du canon, le crépitement des balles et des cris de douleur. Mais jetons un voile sur ce qui touche à la guerre civile ; mieux vaut unir que diviser.

Rappelons toutefois qu'au début de l'attaque de l'île par Turreau et Villaret-Joyeuse, la frégate la *Nymphe* vint s'embosser sous les batteries du Bois de la Chaise, pour éteindre leurs feux. Elle reçut un boulet dans sa coque et coula sans pouvoir être remise à flot. Ses débris se voyaient, naguère, aux marées d'équinoxe (1).

Au mois de septembre 1795, toutes les batteries de la côte nord furent bombardées par l'escadre du commodore Warren. Il faut lire dans F. Piet, témoin oculaire, la page émouvante dans laquelle il raconte ces faits (2).

Nous ne pouvons nous empêcher de lui emprunter la réponse du général Cambray à une lettre du commodore :

(1) En 1793, le district de Challans fit armer, comme il suit, les forts de la côte nord : fort Saint-Pierre, 2 pièces de 24 ; Tambourin, 2 pièces de 36 et 180 boulets ; fort Larron, 2 pièces de 18 ; fort du Cob, 3 pièces de 24.

(2) Piet, page 617.

« MONSIEUR,

» Puisque vous me refusez de m'accorder les vingt-quatre heures de suspension d'armes que je vous ai demandées, vous pouvez m'attaquer quand vous voudrez; nous périrons tous, ou nous serons victorieux. C'est le vœu général de mon armée et celui des habitants, qui vous attendent, ainsi que moi, avec le courage de Français libres.

» *Le Général de brigade,*

» CAMBRAY. »

Les attaques et les tentatives de descente des Anglais furent partout repoussées et leur flotte appareilla pour l'île d'Yeu.

LE BOIS DU PÉLAVÉ (*Podium abbatis,* le pé ou la hauteur de l'abbé) est un coteau composé de rochers écroulés les uns sur les autres et disposés en amphithéâtre. Situé à 1 kil. de la ville, on le laisse à droite en allant au Bois de la Chaise par la route ordinaire. Il manque du principal attrait de ce dernier, d'être baigné par la mer. Mais ses blocs de quartzite sont encore plus beaux, disposés ici en grotte, là formant un vaste cirque, en général se présentant sous forme de larges tables dans l'intervalle desquelles pousse une cladonie aux fruits d'un rouge vif et une scille à fleurs bleues. Plus encore que le Bois de la Chaise, il rappelle à l'esprit certains points de la forêt de Fontainebleau. Autrefois la société noirmoutrine se donnait rendez-vous sous ses yeuses toujours vertes, faisant douter de la succession des saisons. « Quand, dit Richer, on se trouve au Pélavé dans un beau jour d'hiver, l'illusion est à son comble. La verdure de la terre est en harmonie avec la pureté du ciel. Quelques groupes de promeneurs se montrent çà et là, et l'on se croit transporté aux beaux jours de mai. »

Les yeuses coupées, en 1861, repoussent de souches et des pins ont été semés. On pourrait ménager des vues sur la ville et, dans la partie haute, sur la mer. Le joli point de Gaillardin en fait partie, quoique en étant séparé par un chemin.

Lorsqu'on se rend de Noirmoutier au Tambourin, on longe à droite un parc entouré de murs, les Sorbets. Il renferme une, ou plutôt deux maisons de maître, une ferme, de grands jardins, des bosquets de chênes verts et de lauriers. A partir des Sorbets, la route boisée, suivie le dimanche par les fiancés, porte le nom d'allée des Soupirs. A gauche de l'allée des Soupirs, est la maison de Grande-Lande, dont les bois s'étendent jusqu'à la mer.

Les chalets loués aux baigneurs commencent au Pélavé et aux Sorbets, et se continuent jusqu'à la limite des bois de l'Etat, dans l'espace compris entre l'allée des Soupirs et celle qui conduit à l'anse des Dames. Un second groupe est construit sur le bord de la plage, dans l'anse des Souzeaux. (*Voir la carte ci-contre.*)

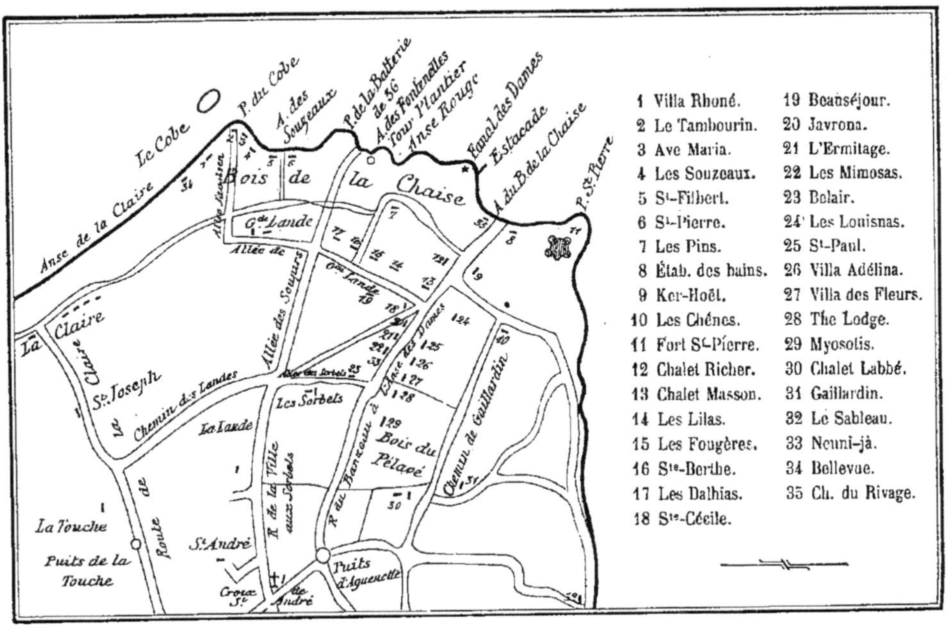

Anse de la Claire
Le Cobe
P. du Cobe
A. des Souzeaux
P. de la Batterie de 36
A. des Fontenelles
Tour Plantier
Anse Rouge
Canal des Dames
Estacade
A. du B. de la Chaise
P. St Pierre
Bois de la Chaise
Gde Lande
Allée des Soupirs
La Claire
St Joseph
Chemin des Landes
Les Sorbets
La Lande
Bois du Pélavé
Chemin de Gaillardin
La Touche
Puits de la Touche
Route de
St André
Croix de St André
Puits d'Aguenette
1 Villa Rhoné.
2 Le Tambourin.
3 Ave Maria.
4 Les Souzeaux.
5 St-Filbert.
6 St-Pierre.
7 Les Pins.
8 Étab. des bains.
9 Ker-Hoël.
10 Les Chênes.
11 Fort St-Pierre.
12 Chalet Richer.
13 Chalet Masson.
14 Les Lilas.
15 Les Fougères.
16 Ste-Berthe.
17 Les Dalhias.
18 Ste-Cécile.
19 Beauséjour.
20 Javrona.
21 L'Ermitage.
22 Les Mimosas.
23 Belair.
24 Les Louisnas.
25 St-Paul.
26 Villa Adélina.
27 Villa des Fleurs.
28 The Lodge.
29 Myosotis.
30 Chalet Labbé.
31 Gaillardin.
32 Le Sableau.
33 Nenni-jà.
34 Bellevue.
35 Ch. du Rivage.

CHAPITRE VI.

Excursions et promenades.

Le voyageur qui visite Noirmoutier, entre deux traversées du bateau à vapeur, n'a que quelques heures à passer dans l'île.

Il devra se faire conduire rapidement en ville (aller en voiture, 8 à 10 minutes ; à pied, 20 minutes), visitera l'église et sa crypte, jettera un coup d'œil sur le château, et, de la place d'Armes, se rendra compte de l'aspect général du pays.

Le reste de son temps sera consacré à explorer le Bois de la Chaise, de la pointe du Tambourin à l'anse des Dames, afin de se trouver, à l'heure du départ, à portée des signaux du navire. Il fera bien, s'il n'est pas en retard, de monter au phare pour avoir la vue de toute l'île (1).

(1) On peut se procurer au phare, au chalet du Rivage, au Casino et en ville, chez MM. Brisset, Bertrand et Mme Thareau, le Guide, la carte, des fusains et des photographies de Noirmoutier.

Quant au baigneur, notre hôte d'un mois, il pourra organiser ses excursions comme suit.

1re Excursion : L'entrée du port et le Sableau ; retour par le fort Saint-Pierre et le Bois de la Chaise.

2e La Claire, le Vieil, la Magdeleine et la Blanche.

3e L'Herbaudière ; promenade au Pilier.

4e La pointe de Devin et l'Épine.

5e La Guérinière, Barbâtre et la Fosse.

On trouve facilement, et à bas prix, des coursiers aux longues oreilles, agréable monture pour les femmes et les enfants. Il est bon de retenir, comme guide, un paysan pour s'occuper des ânes pendant les arrêts. Les mulets sont rétifs ; les chevaux se louent plus cher.

L'île étant percée de bonnes routes, il est possible de visiter en voiture les points les plus curieux, sans suivre toutefois les sinuosités de la côte, ce qu'on ne fait bien qu'à pied. Une voiture est indispensable pour la course de Barbâtre et de la Fosse ; elle est pareillement nécessaire si l'on veut aller à l'Herbaudière, entre l'arrivée et le départ du bateau.

PREMIÈRE EXCURSION.

L'entrée du port et le Sableau.

De Noirmoutier à l'entrée du port, 2 kil. 1/2 ; du fort Larron au Bois de la Chaise par le Sableau et la côte, environ 2 kil.;

du Bois de la Chaise en ville, 1 kil. 1/2. Cette course se fait facilement à pied, d'autant plus qu'elle peut être coupée par un bain. Prendre un âne pour les enfants, qui pourront ramasser à profusion de jolies coquilles sur la plage du Sableau.

Cette excursion est surtout intéressante pour le naturaliste, soit qu'il veuille se procurer des oiseaux curieux, soit qu'il tienne à remplir sa boîte de plantes rares.

En quittant la place d'Armes, le promeneur prend la direction de l'est et suit le sommet de la chaussée Jacobsen, que le génie maritime élargit et transforme en voie carrossable ; cette chaussée a servi à dessécher une partie du port et s'étend jusqu'au fort Larron.

A droite est l'avant-port ou Luzan, où viennent déboucher les trois étiers. Des vases assez hautes ne laissent qu'un étroit chenal que les bateaux suivent au moment de la pleine mer. Des marais salants et de grands réservoirs d'eau salée se voient à gauche ; puis, derrière les Müllenbourgs, d'autres marais, les Ribandons dont le nom, d'après de Puy-Lorson, signifierait *rives abandonnées* ; plus loin le Pélavé et de jeunes pins.

Le fort Larron a été ainsi nommé, dit le premier historien de l'île, pour avoir servi de refuge à Vincent Bouhier de Beaumarchais, trésorier d'épargne du roi Louis XIII, poursuivi pour malversations. Il est aujourd'hui démantelé et transformé en magasin. Sur son escarpe, le botaniste recueille des plantes qui lui font pousser des cris de joie : *Sinapis incana, Echium plantagineum, Lavatera cretica, Tribulus terrestris,* etc. (1).

Au sortir de la ville, il avait heurté du pied la momordique ou *melon sautereau,* dont les fruits, à maturité, se détachent d'une façon subite, quand on veut les cueillir et projettent au loin leurs graines.

A mer basse, l'entrée du port assèche ainsi que les chenaux et les bancs. Les pêcheurs s'y montrent en grand nombre, poursuivant les chevrettes avec leurs filets, ramassant des palourdes et s'arrêtant à peine aux moules qu'ils rencontrent à chaque pas. Il est permis de les imiter, mais défense est faite d'aller sur les parcs à huîtres concédés par l'Etat et indiqués par des piquets.

De la jetée Jacobsen, le promeneur a en face de lui la Guérinière et la Tresson. Tournant à gauche, il entre dans une région de sables bas envahie autrefois par la mer et portant le nom de la Coupe (2).

(1) Au printemps, près du Sableau, l'amateur de plantes recueillera l'*Omphalodes littoralis*, ou gazon de rivage, et un splendide lupin à fleurs bleues, le *Lupinus reticulatus.* (Voir *Catalogue des plantes vasculaires de Noirmoutier.*)

(2) On voit souvent exposés à l'extrémité de la jetée des

Du sable, toujours du sable, et bientôt des semis de pins. On longe une jolie propriété, le Sableau, aux grands pins piniers et au bois de chênes verts. Du temps de Fr. Piet, elle était la résidence d'un naturaliste, François Nau, qui avait tenté d'acclimater un certain nombre de plantes et d'arbres exotiques. Le propriétaire actuel, M. Ertault de la Bretonnière, marche sur ses traces. Ses plantations d'arbres verts ont parfaitement réussi.

Une maison, près de laquelle on passe, a dans son jardin un puits, dont le niveau change avec la marée; l'eau n'en est pas meilleure (1).

Plus loin se voient des baraques en bois et des caisses goudronnées à treillis en fil de fer. Les bancs huîtriers de Saint-Pierre et du Groix sont en face.

On ne peut pénétrer dans ces concessions sans la permission du *parqueur,* qui ne l'accorde qu'à bon escient, gardant pour lui ses procédés de

corps de formes bizarres, tous dissemblables et de couleur variée. Ils intriguent ceux qui ne sont pas au fait des choses de mer. Ce sont des flotteurs ou *bouées* devant être remis à neuf. Les noms qu'ils portent indiquent les points sur lesquels ils seront mouillés.

(1) Sur la côte ouest de l'île, une source d'eau douce se montre à basse mer, dans un banc de roches recouvert par le flux.

culture et craignant de voir écraser ses jeunes huîtres ([1]).

La baie de Bourgneuf, célèbre par la qualité de ses huîtres, s'appauvrissait de plus en plus. M. le commissaire de la marine Le Beau, chef du service de la marine à Nantes, signala, en 1888, la nécessité d'interdiction complète de la pêche sur les gisements naturels, afin de leur permettre de se reconstituer. En même temps, il appelait l'attention sur la fertilité exceptionnelle de nos eaux pour l'élevage artificiel de l'huître. Il s'ensuivit de nombreuses demandes de concessions qui ne furent soumises qu'à une redevance de 10 fr. l'hectare.

Depuis cette époque, 120 *établissements,* détenus par 108 concessionnaires, et d'une superficie de 109 hectares, sont en voie d'exploitation. 5,527,600 huîtres ont été livrées, en 1891, à l'exportation ou la consommation, au prix de 114,000 fr.

Les jeunes huîtres sont apportées d'Arcachon ou d'Auray, c'est la véritable huître française (*Ostrea edulis*), sans mélange d'huître de Portugal (*Ostrea angulata*) de beaucoup inférieure. Placées sur le

([1]) Ces renseignements nous ont été donnés par M. Péroteau, commissaire de l'inscription maritime, et M. Herbelin, un des principaux parqueurs.

sol, elles donnent par an une pousse de 2 à 3 centimètres; en caisse, de 3 à 6.

L'huître *fraie* du commencement de juin à la fin d'août. Pendant ce temps, elle est *laiteuse* et devient un aliment dangereux. (Il est de règle de ne pas la manger dans les mois où il n'y a pas d'*r*.) Elle donne naissance à plus d'un million d'embryons (*naissain*) munis de cils vibratiles et de rudiments de coquilles. Ceux qui échappent aux poissons et aux crustacés se fixent sur les corps solides qu'ils rencontrent: coquilles, pierres, morceaux de bois et surtout briques recouvertes de chaux. La chaux permet de les détacher plus facilement (*détroquage*), pour les recueillir dans des *caisses ostréophiles,* qui sont placées les unes sur les autres, tant que le niveau de l'eau le permet. Les jeunes huîtres y sont en sûreté.

La culture peut se continuer en caisse, mais devient fort coûteuse. Les huîtres, quand leurs coquilles ont été durcies par l'hiver, sont, en général, déposées sur le sol, préparé pour les recevoir.

C'est un véritable jardinage. Les zostères et les varechs, qui les étoufferaient, sont enlevés. Une guerre sans pitié est faite aux moules, plus envahissantes qu'elles ; aux étoiles de mer (*Asterias rubens*), qui les empêchent d'ouvrir leurs valves, les asphyxient et les dévorent; aux crabes, et surtout aux bigourneaux perceurs (*Murex erinaceus* et *Nassa reticulata*) et à la pourpre commune (*Purpura Lapillus*). Ces trois mollusques percent les coquilles avec leur langue acidulée, sucent les huîtres et les font mourir.

Les parqueurs embauchent, à chaque maline, pour cette chasse et pour remettre en ordre ce que la mer a dérangé, de nombreux travailleurs (60 à 80 pour des parcs comme ceux de Saint-Pierre et du Groix).

L'huître n'est livrée à la consommation que la troisième année, et celui qui la mange, ne se doute pas de la peine que son élevage a donnée [1].

Après les baraques des gardiens des parcs, se montrent de jeunes bois de pins, la pointe Saint-Pierre, le fortin du même nom, des yeuses de toute beauté et l'anse des Dames.

Si vous avez pêché des moules à l'entrée du

[1] Dans son rapport de novembre 1890, M. Bouchon-Brandely, inspecteur général des pêches, écrit, p. 26 : « La baie de » Bourgneuf, je ne saurais trop le dire, offre un champ admi- » rable et unique d'exploitation. » Et p. 29 : « Une chose » préoccupe les ostréiculteurs noirmoutrins, celle de savoir » comment ils écouleront les produits de leur industrie. Ils » devraient, me semble-t-il, se montrer moins inquiets à cet » égard. Leurs produits étant d'excellente qualité, on ne tardera » pas à les connaître et à les apprécier. »

port, ne les mangez après votre bain qu'avec précaution, sans quoi vous éprouverez un malaise indéfinissable, des étouffements et votre peau vous fera ressembler à un scarlatineux (1).

La pointe Saint-Pierre est le lieu le plus favorable pour jouir du lever du soleil, comme l'anse de Luzéronde pour observer sa disparition au sein des flots. La description que Richer donne de l'aurore est saisissante de vérité et écrite dans un style imagé, qui rivalise avec celui de Bernardin de Saint-Pierre.

« Dans un temps calme, avant le lever du soleil, l'Océan présente une teinte sombre d'un vert foncé. Le soleil se lève ; les nuages s'écartent peu à peu et ne forment plus que des îles d'ombre, qu'un souffle léger promène sur une mer tranquille. Le soleil, enfin, règne seul dans toute l'étendue du firmament; le vert de la mer fait place au bleu céleste ; tandis que les endroits marqués par les courants et les

(1) La cause de l'empoisonnement par les moules paraît être une ptomaïne (la *mytilotoxine*), qui se développe surtout chez les moules vivant dans des eaux souillées de l'entrée des ports. Une seule moule suffit pour rendre malade. On combat les effets de l'empoisonnement mytilique par un vomitif, du thé et de l'éther. D'autres coquillages, pendant l'époque du frai, les huîtres en particulier, contiennent des toxines dangereuses.

remoux semblent rouler, dans tous les sens, comme des fleuves d'argent (1). »

Le réveil de l'astre pâle des nuits a été aussi chanté par Richer ; il transporte l'observateur sur la pointe du Sableau au moment où la lune se lève sur le rivage opposé. « Les bornes de l'horizon, dit-il, sont fugitives et incertaines ; un brouillard léger enveloppe tous les objets ; peu à peu il se dissipe, et la brise du soir fait rider la surface des eaux. Ici, la clarté vacillante de la lune erre sur les flots dont elle suit les ondulations ; là, elle glisse sur les gazons et semble reposer sur les sables ; plus loin, l'œil devine plutôt qu'il ne découvre, la forme des navires qu'on croirait dispersés çà et là comme de sombres écueils (2). »

DEUXIÈME EXCURSION.

Le Vieil, la Magdeleine, la Blanche.

De Noirmoutier au Vieil par la route directe, 2 kil. 1/2 ; du Vieil à la Blanche par la côte, 2 kil. 1/2 ; de la Blanche en ville par la Messandrie, 3 kil. — L'excursion au Vieil par la Claire augmente le trajet d'environ 2 kil. — La route carrossable de la Blanche en ville est plus longue d'environ 1 kil. que celle de la

(1) Ed. Richer. *Aspect pittoresque de l'île de Noirmoutier*, p. 16.

(2) Ed. Richer, *loc. cit.*, p. 18.

Messandrie. — Des ânes sont nécessaires, à moins que l'on ne préfère se rendre directement, en voiture, au Vieil et à la Blanche.

Si le lecteur tient à connaître toute l'île, au lieu de prendre la route directe du Vieil par Puits-Neuf, il tournera à droite par le village de la Frelette et traversera une sorte de carrefour, mal aplani, où, le dimanche soir, on vient de l'Épine et des villages, danser *au son de la voix*.

Quelques pas plus loin des ormeaux entourent la propriété de la Touche, près de laquelle est un puits, le meilleur de l'île, mais dont la source est peu abondante. Richer nous représente les jeunes filles venant en troupe à la fontaine retrouver leurs connaissances et se délasser par la causerie des travaux du jour. « Ces réunions près du puits rappellent, ajoute-t-il, les filles de la Mésopotamie et les mœurs patriarcales, mais les siècles ont tout détruit... » Que dirait-il à cette heure s'il voyait circuler des tonneaux verts ou rouges distribuant, en ville et aux chalets, l'eau de la Touche ou l'eau *inépuisable* d'Aquenette? « Les mœurs n'ont pas conservé ici plus qu'ailleurs la simplicité des temps antiques. »

A la Touche, succède la Lande-Saint-Joseph, avec son joli bois et son vaste horizon sur les Roussières et la Blanche, tandis qu'à gauche sont d'importantes plantations de vignes américaines (1).

On arrive à la côte en passant près de la propriété de M. de la Grandière, par une dune plantée de peupliers et semée de pins. On ne voit la mer qu'en y touchant. Elle semble dormir sur le sable fin de la belle anse de la Claire. Aux jours de tempête, cette eau si pure, si limpide, se trouble, devient boueuse et se soulève en lames effroyables. Les riverains croient entendre, au milieu des rafales du vent, des voix de trépassés implorant du secours (2).

Ne demandons pas à la dune ses secrets douloureux ou plutôt ne lui demandons que les souvenirs patriotiques de 1674, lors de la seconde descente des Hollandais. Honneur au frère Bernard Fouillon et à ses héroïques compagnons d'armes !

L'anse de la Claire est bornée au S.-E. par la pointe du Cob, au N.-O. par le Vieil.

Les dunes présentent des batteries de côte et des guérites en ruines.

L'excursionniste, à l'approche du Vieil, longe des champs plantés d'asperges. Cette culture maraî-

(1) Elles ont remplacé des champs de pommes de terre, dans lesquels des Anglais obtenaient deux et même trois récoltes par an. Cette culture intensive avait épuisé le sol.

(2) Voir *Causeries noirmoutrines : Vieilles croyances et vieilles coutumes*, et *Noirmoutier, 4 thermidor an II*.

chère et celle des pommes de terre primes ont ramené l'aisance dans cette partie de l'île, où la population s'était concentrée à l'époque gallo-romaine.

Vieil veut-il dire la vieille ville, ou vient-il du mot *villa? Grammatici certant.* Les notables y possèdent des rendez-vous de pêche et les villageois logent, pendant l'été, des baigneurs fuyant les plages fréquentées du Bois de la Chaise. Les paysans distinguent le grand et le petit Vieil ; les maisons se touchent et les deux hameaux sont confondus.

Le Vieil est mal protégé par une ceinture de rochers plats, sorte de prolongement de l'île réduite à son squelette pierreux. Ils laissent entre eux des creux à fond de sable fin, où l'eau dormante est chauffée par le soleil. Des murs, sans ciment, de 1 m. à 1 m. 20 de hauteur, circonscrivent des *écluses,* destinées à retenir le poisson. On entend de tous côtés, à mer basse, les crabes courir entre les pierres.

On pêche sur cette côte la chevrette ou crevette et plusieurs autres crustacés. La palourde ou vénus décussée, pour parler le langage des savants, n'est pas rare dans les endroits à fond moitié sable, moitié vase mêlée de pierres.

Le botaniste récolte des algues aux vives couleurs, connues sous les noms de *Delesseria, Halymenia, Dasya, Gelidium*, etc. Il les prépare sur des feuilles de papier à dessin et en fait de ravissants albums.

En suivant la côte, on rencontre le village de la Magdeleine. Les Bernardins y trouvèrent construite une chapelle sous le vocable de Marie de Béthanie ; elle desservait une léproserie, au souvenir de laquelle se rattache aussi le *puits de la Borde*. Il ne reste plus de traces de la chapelle, mais un enclos en porte le nom. Il y pousse un figuier, dont chaque branche ayant pris racine est devenue un arbre nouveau ; il forme un bosquet et rappelle, en petit, les figuiers multipliants de l'Inde.

En face, est la côte de Préfailles et Kérouars avec sa source ferrugineuse.

Un écriteau, affiché à l'entrée de la Blanche, indique que les ânes et les voitures ne doivent pas aller plus loin. Les piétons peuvent traverser le bois, de 15 hect. de superficie, situé en dehors du parc et longeant la plage sur une longueur de 1 kil. 1/2. Composé d'yeuses et de pins, il entoure la crique appelée la *Conche des Normands*, qui autrefois, mieux abritée, servait de port à ces pirates.

Sous les arbres poussent des alaternes, des cistes à grandes fleurs blanches et l'amaryllis jaune. Cette dernière plante a dû être naturalisée par les moines, ainsi que l'iris germanique à fleurs bleues et le bel iris blanc de Florence que l'on trouve sur les murs en pierres sèches du chemin de la Linière. Dom Carville, un des derniers prieurs, était un botaniste distingué, en relation avec Bonamy et correspondant de Buffon.

NOTRE-DAME LA BLANCHE ou de l'ISLE-DIEU ([1]) (*B. M. de Insula Dei, vulgo dicta Alba, B. M. de Piglers*), fut fondée au mois de janvier 1200 (1201) par les Cistirciens du Pilier, forcés d'abandonner l'îlot devenu inhabitable. Pierre IV de la Garnache autorisa ce transfert par une charte de 1205 et combla la nouvelle abbaye de dons de toutes sortes.

Une bulle du pape Grégoire IX, du mois d'août 1235, la mit sous la protection du Saint Siège et lui accorda de nombreux privilèges.

L'abbé qui présida à la translation est désigné dans le *Spicilegium Dacherii*, en 1198, sous le nom de *Robertus, abbas Insulæ Dei* et signe, en 1201, sur une charte de Buzay, *frater R. de Piglers*.

Le monastère fut presque entièrement rebâti au XIVe et au XVIIe siècle.

Antoine Lante ou Lanti de la Rovère, grand inquisiteur de Malte, le tenait en commande au moment de la Révolution et son dernier prieur fut Dom Abraham Graux, originaire de Saint-

([1]) Il ne faut pas confondre l'Isle-Dieu *Insula Dei* avec l'Ile d'Yeu, appelée dans les chartes *Insula Oya*.

Quentin, depuis proviseur du collège de Saint-Jean-de-Monts et curé de Saint-Gilles-sur-Vie. (1).

Ed. Richer vécut en ermite à la Blanche, où il écrivit une partie de ses ouvrages philosophiques.

Elle est devenue, par suite de ventes successives, la propriété de la famille Jeanneau et se compose de deux bâtiments en équerre. L'aile de droite, formée par la chapelle, a été détruite à la suite de la Révolution ; il n'en reste guère qu'une porte du xve siècle, à sculptures anciennement dorées sur fond d'azur et à écusson orné d'une tortue, surmontée d'une croix et d'une épée. Elle est connue sous le nom de la *Porte dorée* (2).

(1) Voir *N.-D. de la Blanche* et *Chartes concernant la fondation de N.-D. de la Blanche*, par le Dr Viaud-Grand-Marais.

(2) Sous l'influence de l'air de la mer, la Porte dorée se désagrège et bientôt il n'en restera plus rien. De Rochebrune en a fait une eau forte, prise peu de temps après sa découverte. Voir aussi le dessin donné par G. Giraud, dans *Paysages et monuments du Poitou.*

Sur une pierre du cloître se lit :

L : D : N :-S :	L'an de Notre Seigneur
1718	1718,
C : P : A : E : P :	cette pierre a été posée
P : L : R : R : P : P :	par les Révérends Pères,
D : F : LEROY ET	Dom F. Leroy et
D : G : LEVIEIL S : P :	Dom. G. Le Vieil, sous-prieurs
ET D : RÉNÉ	et Dom René
CANU PRIEUR.	Canu, prieur.

CHEMINÉE A L'ABBATIALE

L'autre aile a été restaurée au moment de la reconstruction du corps du logis. Celui-ci, portant la date 1700, présente un large escalier en granite, orné d'une belle rampe en fer forgé et deux salons lambrissés de boiseries Louis XV, aux fines moulures : la *procure* et la *salle du chapitre*. Les fermetures à levier et à crémone des portes et des fenêtres sont du temps.

Derrière la maison est un jardin avec des viviers d'eau salée.

Le mur N.-E. de l'enceinte offre une porte XIIIe siècle, à linteau orné d'une crosse abbatiale, et, dans cette partie de l'abbaye, se remarquent des ruines voûtées plein cintre, à murs très épais : la *prison des moines* et l'*observatoire ;* elles datent de la fondation.

Les bâtiments utilisés comme servitudes, au sud du monastère, sont du XIVe siècle ; certaines parties peuvent même être reportées au XIIIe.

L'abbatiale est un petit logis d'une grande simplicité, avec un jardin particulier. Sa distribution intérieure et ses cheminées sont du XVIIe siècle. (*Voir gravure.*) On y recevait les étrangers de distinction, les femmes, en particulier, qui n'avaient pas le droit de pénétrer dans la clôture.

On arrivait à l'abbatiale par une avenue d'ormeaux en grande partie détruite, aboutissant à un portail

(XVIIe siècle) dont le cintre est une coquille striée, surmontée d'un fronton triangulaire et de deux lions de granite de forme assez archaïque. La *Porte aux Lions* a remplacé un portail du XIIIe, situé plus à l'ouest. (*Voir gravure ci-contre*).

En face de la plage, sont la pointe de Saint-Gildas et l'entrée de la Loire.

Au delà du bois, une côte sablonneuse, dans laquelle des rafales ont enseveli des maisons, conduit à l'Herbaudière, en passant par la Linière.

> « . . . Cette maison placée
> Au pied des dunes, près des flots, »

appartenait, il y a quelques années, à un poète, un naturaliste et, qui mieux vaut, un ami des pauvres, Lubin Impost, écrivant sous le pseudonyme de *Lidner* (1).

Elle faisait ses délices, lui rappelant son père et Richer son meilleur ami. Il lui a consacré une de ses odes :

> — Salut heureux séjour, toi qu'habita mon père,
> Pauvre petite ferme à mon âme si chère,
> Malgré ton sol aride et tes sables brûlants,
> Salut ! Ce qu'il chérit, je le chéris moi-même.
> Et toujours à te voir retrouve un charme extrême,
> Semblable à celui des amants.

(1) *Lidner*, L. I. D. Ner. Lubin Impost de Nermoutier

LA PORTE AUX LIONS A LA BLANCHE

En dépit de mes soins, ta stérile nature,
Comme les courtisans à l'âme sèche et dure,
Sans en être touchée accepte mes bienfaits ;
Mais il suffit, je t'aime, et ton ingratitude
Est un attrait de plus pour ma sollicitude ;
On jouit des ingrats que l'on fait.

....

J'aime ces horizons à la lointaine vue
Et laisser mes regards courir dans l'étendue,
Tel qu'un coursier, qui suit ses caprices divers ;
J'aime voir ces vaisseaux, points obscurs dans l'espace,
Des flots impétueux sillonnant la surface,
Voler au bout de l'univers.

Tout serait à citer, d'autant plus que l'auteur y parle de Richer

.... épanchant sa belle âme
Et lui peignant des cieux, avec des traits de flamme,
L'amour qui s'épanche sur nous.

Mais il faut savoir se borner.

Les promeneurs reprennent leurs ânes, passent le long du mur du parc aux lierres séculaires et rejoignent la ville par la Messandrie, la Bernetrie et Puits-Neuf. Près de la Messandrie, le *Chiron Saint-Hilaire* recouvre les restes de la plus ancienne église de l'île, bâtie au VIIe siècle, par Ansoald, évêque de Poitiers.

TROISIÈME EXCURSION.

L'Herbaudière et le Pilier.

De Noirmoutier à l'église de l'Herbaudière, 4 kil.; au port, 4 kil. 1/2. La promenade se fait en voiture, à âne ou à pieds.

De l'Herbaudière au Pilier, 3 kil. 1/2 ; bateau pour 4 personnes 6 fr., chaque personne en plus 0 fr. 50. (Traversée 1/2 h. à 1 h. 1/2 (1).

La route de Beauvoir fait un coude à angle droit, au carrefour du puits de Lorraine, devient la basse Grand'Rue et, prenant la direction du nord, conduit à l'Herbaudière. Elle laisse, à gauche, des marais salants; à droite, des champs cultivés; passe auprès de la Grosse-Roche qui se voit dans un fossé, près du moulin de la Houssinière et rencontre, un kilomètre plus loin, de l'autre côté de la route, une curieuse croix, moitié en pierre, moitié en maçonnerie : la *Croix de la Mnisière* ou du *cheminet*. Malgré sa forme archaïque, cette croix porte les dates 1627-1657. Elle a, dit-on, été construite pour mettre fin à des apparitions de taureaux noirs et de fantômes. (*Voir gravure ci-contre.*)

(1) On peut s'adresser pour cette promenade, à MM. Charles Beilvert, Alphonse Pénisson, Jean Damour, Louis Raimondeau, Joseph Izacard, Joseph Damour, Joseph Métier père et fils, Pître Boucheron, Alphonse Burgaud, Pierre Charrier, François et Louis Renaud et autres patrons de barques.

LA CROIX DE LA MNISIÈRE

Le village de Luzay, qu'on traverse ensuite, est un des points élevés de l'intérieur. Il sert de limite à la paroisse de Noirmoutier.

L'Herbaudière compte 600 habitants. Son église n'est pas bâtie dans le village, où se trouve le port, mais au centre de la paroisse et, près d'elle, se voient la cure et les écoles. A une centaine de mètres plus loin est l'usine de conserves de M. Flon.

De la dune que domine l'église, la vue s'étend sur l'anse de Luzéronde, les Bœufs fertiles en naufrages ([1]) et, au loin, sur la mer, sillonnée par des navires de toutes nations.

Le 26 novembre 1883, une épave sans nom, chargée de pins rouges d'Amérique, est venue s'échouer la quille en l'air sur cette grève.

L'inscription gravée en creux sur le maître-bau fit reconnaître un navire anglais et le numéro officiel comparé à ceux du Lloyd, le *Colonist*.

Abordé dans le canal de la Floride, en septembre 1883, le *Colonist* s'est maintenu sur l'eau, grâce à

([1]) D'après de Puy-Lorson, les Bœufs doivent leur nom aux mugissements qu'ils font entendre à l'approche des tempêtes. Ils sont indiqués la nuit par deux faisceaux lumineux rouges, l'un venant du phare des Dames, l'autre du Pilier. La tour du Bavard marque leur extrémité sud.

Près de l'église était un moulin, dit du Porteau. Le petit port qui devait se trouver sur ce point n'existe plus.

sa cargaison ; le courant du Golfe l'a, trois mois après, jeté sur nos côtes.

A l'extrémité N. de l'anse de Luzéronde sont les rochers du Lutin. Une croyance populaire veut qu'ils recouvrent un trésor gardé par un follet. L'anse du Lutin leur fait suite, puis les rochers de la pointe Girard, dite aussi pointe du Corbeau, située en face de la pointe de Devin, où l'on consultait les aruspices. Vient ensuite l'anse de la Corbière (de *corvus,* corbeau), dont le nom rappelle encore les moyens, par lesquels les anciens cherchaient à deviner l'avenir. Son sable fin est favorable à la pêche de la chevrette.

A partir du Lutin, on aperçoit le Pilier avec sa petite forteresse et ses deux tours.

L'été de 1879 vit se réunir sur ce rivage une nombreuse assistance suivant, avec un intérêt toujours croissant, les efforts faits par un navire de l'Etat, l'*Euménide,* com. de Kerprigent, et deux autres vapeurs, pour remettre à flot le *Wycliff,* grand navire américain, perdu sur les Bœufs.

Ces efforts paraissaient infructueux, quand tout à coup l'immense épave s'ébranla au milieu des hourras, et les trois remorqueurs la conduisirent dans la rade du Bois de la Chaise, où elle devait échouer de nouveau. Il fallut de longs mois pour en faire sauter les débris à l'aide de la dynamite. Un morceau de sa chaudière se voit dans l'anse des Dames; les autres débris ont été transportés près du Cob.

En suivant la côte si riche en coquilles rejetées par l'Océan, le promeneur atteint la pointe de l'Herbaudière. Les éléments d'une grotte à fées à peine reconnaissables gisent au bas du fort (1). Ils sont en grès du bois de la Chaise, ce qui permet de les distinguer des rochers voisins. Ce mégalithe servait de tête de ligne à une double série de dolmens et de menhirs se terminant en ville au point où saint Filbert fit élever l'église Saint-Michel (la *Roche-Groizard*, le *Chiron-Tissot*, le *Chiron-Tardiveau*, la *Roche-au-Breton*, le *Chiron-de-la-Fée*, la *Pierre-à-la-Payenne*, etc.); leurs débris passent pour être *hantés par les esprits* (2).

La grotte à fées, ou dolmen de l'Herbaudière, a

(1) De Rochebrune en a fait une eau forte, dans laquelle il la représente en partie réparée.

(2) A la jonction de la route de la Blanche à Luzay et de celle de Noirmoutier à l'Herbaudière, se voyait, à l'angle d'un terrier, proche les deux dolmens de Chiron-Tardiveau, une croix d'un seul morceau de granite, d'un mètre de hauteur, dite la *Croix des sorts*. Objet du vandalisme des enfants, précipitée dans le chemin, brisée en deux morceaux, elle eût été complètement détruite, si M. Louis Troussier ne l'avait recueillie et transportée au Grand-Four. Sa forme, passage du roman au gothique, aurait

été fouillée par J. Piet. Elle lui a donné des fragments de silex, une lampe en terre cuite et des vases contenant du charbon et des cendres. Sa destruction tient à l'affaissement du sol, puis à la mer qui l'atteint aux syzygies.

Une fois la pointe passée, des rochers plats bordent le rivage, et l'on aperçoit la longue jetée, qui protège à l'O. le port de l'Herbaudière.

Les travaux exécutés récemment donnent à ce port une importance qui ne fait que croître (1). Les pilotes rencontrent un abri et peuvent partir de là, pour aller prendre les navires venant du sud ; les caboteurs trouvent une posée offrant, à marée

pu la faire croire du XIe ou du XIIe siècle, c'est-à-dire de l'époque de la fondation de la Blanche, si, dans un médaillon octogonal du sommet du fût, on ne lisait :

† DE
SORE
1695

Sur le milieu de la croix, en avant, est le monogramme moderne du Christ; en arrière, celui de la Vierge. Le long du fût, on lit :

LE....
A
S

(1) Nos marins n'oublient pas la part prise par le commandant de Longueville à l'établissement du bateau de sauvetage et de la jetée.

haute, un mètre d'eau de plus qu'à Noirmoutier, c'est-à-dire trois mètres à toutes les hautes mers de morte eau ; enfin les barques de sardiniers s'y réfugient en cas de mauvais temps.

La jetée construite par les Ponts et Chaussées contre les flots du large est en maçonnerie et mesure 465 mètres à partir de la cale de la maison-abri. Elle n'empêche malheureusement pas tout ressac ; dans les tempêtes, les paquets de mer passent par-dessus. Les vents étant portants, les bateaux peuvent alors aller mouiller sous le bois de la Chaise.

Un bateau de sauvetage, le *Massilia,* est installé dans la maison-abri située à l'union du brise-lames et du quai. Il a pour patron le pilote M. Joseph Izacard, qui a succédé à M. Métier père. Nous ne décrirons ni le *Massilia,* ni ses engins de sauvetage ; ces descriptions se trouvent partout. Vous pouvez demander à visiter le bateau, mais n'oubliez pas que les hommes en vareuse qui vous le montrent, ont sauvé la vie à neuf naufragés dans des circonstances terribles. Vous trouverez à la fin de cet article le rapport de M. J. Métier sur ce sauvetage. Ce que le rapport ne dit pas, et qu'il ne pouvait pas dire, c'est l'état d'affolement de la population restée sur le rivage, les cris des femmes voyant leurs maris essayer trois fois de sortir et trois fois rejetés par la mer, les efforts du représentant de la Société de sauvetage pour calmer ces femmes, et ses offres de partir avec leurs maris, qu'elles lui reprochaient d'exposer à une mort certaine ([1]).

Ce qu'il ne dit pas non plus, c'est que les sauveteurs, après avoir déposé sur la jetée leurs naufragés presque sans connaissance, restèrent mouillés aux os, rompus de fatigue et sans manger jusqu'à six heures et demie du soir dans leur bateau, qu'ils ne voulaient pas abandonner et ne pouvaient ramener à terre.

Les maisons du village sont bâties sur la côte, assez irrégulièrement.

Du côté de l'est, le port est protégé par les rochers du Couronneau, près de l'embouchure du courseau des Bœufs.

Puisque le mot de *courseau* se présente ici pour la première fois, voici ce qu'il signifie. Il n'y a pas un seul ruisseau dans l'île. D'où naîtrait-il quand la partie centrale est creusée en cuvette? Dans les endroits, où les eaux douces retenues par des dunes forment des marécages, il a fallu établir des

([1]) Au milieu de cette scène d'épouvante, un officier supérieur en retraite, M. D..., arrivait sur la cale: « *Mes pauvres amies, crier et pleurer n'avance à rien. A genoux!...* » Les *Pater* et les *Ave* se mêlèrent à la grande voix de la mer et aux rugissements de la tempête. Ils ramenèrent le calme dans les esprits et l'espérance dans les cœurs.

canaux pour leur permettre de rejoindre la mer ; ce sont eux qui portent le nom de courseaux. Ils sont maçonnés pour résister à l'ensablement, et continués sous les dunes par des coëfs prismatiques formés de forts madriers, avec des portes, pour régler la sortie de l'eau.

La pêche est un des grands attraits de l'Herbaudière. Les homards se prennent avec des *nasses,* au fond desquelles est un appât. M. Gautier, garde du Pilier en 1857 (actuellement au Phare des Dames), apporta le premier cet engin des Sables. Depuis quelques années nos marins se livrent aussi à la pêche de la sardine, et vont chercher le thon jusque sur les côtes d'Espagne.

La pêche à la ligne se fait le long du brise-lames, près duquel les meuilles et les anguilles sont attirés par les détritus de sardines.

Mais ce qui amène surtout l'étranger à l'Herbaudière, c'est le désir d'aller au Pilier. Il fera bien, pour cela, de s'entendre dès la veille sur l'heure et les conditions de départ, avec le patron, dont il aura fait choix, et d'être au rendez-vous, une heure à l'avance, muni de provisions de toutes sortes (pain, vin, viande, etc.), car on ne trouve sur l'îlot, que l'eau douce fournie par la citerne du phare.

Il se conformera de la façon la plus absolue aux ordres du patron, pour les heures de départ et de retour. Des questions de marées, de courants, de vent peuvent faire varier d'une manière considérable le temps de la traversée.

En mer donc ! En trois quarts d'heure, souvent moins, quelquefois plus, vous aborderez à la jetée, ou vous descendrez sans trop de difficulté sur des rochers voisins ([1]).

Si l'eau est limpide, vous jouirez de la vue de splendides paysages sous-marins, dont aucun aquarium ne donne l'idée. Des poissons, des homards, jouent parmi de grandes algues de formes et de couleurs variées. La tour du Martroger, sur le rocher du même nom, apparaît dans la direction de la Blanche, celle des Sécés est laissée dans le N.-E.

En approchant du Pilier, terre granitique élevée et orientée N.-N.-O., S.-S.-O., on peut juger de son ensemble. La partie N.-E., vers laquelle on atterrit, est formée de roches entassées, colorées en noir ou en jaune vitellin par des lichens ; au S.-E., la petite plage de la Sablière est émaillée de délicieux galets de toutes couleurs. L'îlot mesure 600 mètres de long sur 150 dans sa plus grande largeur, avec 1 kilomètre 1/2 de périmètre. Son extré-

([1]) Le retour est un peu plus long à cause du courant de la Grise.

mité nord regarde l'entrée de la Loire, et l'on a devant soi, d'un côté Préfailles et la pointe de Saint-Gildas; de l'autre, Saint-Nazaire, la pointe de Chémoulin et les dunes boisées d'Escoublac (1).

Deux tours espacées de 14 mètres, la plus élevée munie d'une lanterne, l'autre l'ancien phare, se voient dans la partie nord. A 200 mètres au sud, est un fortin bâti pour protéger l'entrée de la rivière contre les corsaires anglais. Par lettres patentes des 26 août 1710 et 31 janvier 1713, Louis XIV ordonna de construire sur le Pilier une batterie, des retranchements, un corps de garde pour les officiers et soldats préposés à la garde de l'île, et une citerne. Les frais d'exécution montèrent à 24,844 livres.

Autour du phare est un jardin, où il est difficile d'obtenir quelque culture, à cause des embruns. Des essais d'arbres fruitiers entourés de barriques défoncées ont été faits sans succès. Dans le sud, rien que la roche nue.

En dehors de ce qui vient d'être décrit et d'une batterie de côte, on ne trouve sur le Pilier qu'une croix

(1) Il s'est longtemps tenu sur le Pilier une assemblée, où les jeunes gens et les jeunes filles venaient des villages danser et festoyer les jours de l'Ascension et de la Pentecôte. Quand on leur demandait d'où venait cette coutume, ils répondaient n'en rien savoir, mais que cela s'était fait de tout temps.

en pierres brutes, érigée par des ouvriers travaillant au nouveau phare et que l'on ne pouvait ravitailler à cause du mauvais temps. Elle avait été abattue depuis, mais les mêmes circonstances s'étant renouvelées et d'une façon plus grave, les ouvriers l'ont remise en place.

Au nord du Pilier, sont les Chevaux découvrant à mer basse et formant un plateau d'une même étendue que l'îlot; on peut s'y baigner et pêcher.

Telle est l'ancienne *Isle de Dieu* (*Insula Dei, Insula Piglers, Pilliarium*), que Philippe Bret, au XVIIe siècle, appelait « une île colomnaire, remplie » d'oiseaux marins et manquant d'habitants. »

Le 1er juillet 1172, un essaim de Cisterciens de Buzay vint s'y établir. Nulle retraite n'était plus propice pour la méditation et la prière que ce rocher pelé, toujours battu par les flots, où l'homme se trouve seul en face de l'immensité de la mer et de son Créateur. Malheureusement en dehors de la pêche, on n'y trouve aucune ressource. L'orge seule pousse et misérablement. Il n'y a d'autre eau potable que celle fournie par la pluie.

En janvier 1200, les fils de Saint-Bernard durent quitter ce roc, par trop inhospitalier. Est-ce à la suite de sa séparation de l'Herbaudière comme le raconte F. Piet? La charte de fondation de la Blanche dit simplement *propter difficultatem loci,* ce qui peut s'entendre de la difficulté du ravitaillement. M. Charier-Fillon pense que c'est à la suite d'un cataclysme ayant détruit le monastère, qu'il place sur les Chevaux, faisant autrefois partie du Pilier, et où se trouve des débris de briques et de poteries.

La pointe nord porte le nom de *Pointe de la Chapelle*. Garcie Ferrande, au xve siècle, y signale des ruines. Faut-il y chercher la fondation cistercienne ?

Les ruines disparaissent, les pierres étant employées pour des constructions nouvelles, mais en général les tombeaux restent. Où sont ceux des moines ? Les Cisterciens n'ont pas été 28 ans sur l'îlot sans perdre quelqu'un des leurs.

Depuis, le Pilier n'a pour histoire que des faits de guerre maritime et des naufrages, et la construction du fortin, dont les détails sont consignés dans l'intéressante correspondance de Gérard Mellier conservée aux archives de la ville de Nantes.

L'ancien phare fut établi en 1829, pour indiquer l'entrée de la Loire et signaler les récifs voisins. Jugé insuffisant, il a été remplacé, en 1876, par une seconde tour de 34 mètres, à feu de premier ordre, blanc et rouge, de 24 milles de portée, à éclats de 4 en 4 minutes et projetant un faisceau rouge, au sud, dans la direction des Bœufs, un second, au nord-est, vers la Couronnée (1).

La forteresse n'a plus de soldats en temps de paix ; les gardiens du phare et ceux du sémaphore sont les seuls habitants de l'îlot. Ils occupent leurs loisirs à pêcher, à faire la chasse aux oiseaux de passage et à préparer des algues pour collection. Tout cela est bon quand il fait beau, mais l'hiver, quand la grande houle du large rebondit et passe sur l'îlot, que la tour oscille au souffle du vent, ils doivent se renfermer chez eux et rationner leurs vivres, car ils peuvent être quinze jours sans être ravitaillés. Parfois, au plus fort de la tempête, des cris de détresse les font sortir au milieu de la nuit et courir, avec un fanal, sur les rochers ; heureux quand ils peuvent sauver la vie à de malheureux naufragés (2).

(1) M. Chantreau de la Frandière, patron de la chaloupe la *Jeune-Marie-Désirée*, ne craignit pas, malgré une mer démontée, d'aller au secours des naufragés du *Queen of the South*, grand navire anglais perdu sur la Couronnée ; il fut assez heureux pour sauver trois hommes et a été décoré pour ce fait.

(2) M. Gautier, garde-phare de 1857 à 1879, a eu l'occasion de faire deux sauvetages, celui de l'équipage du brick le *Jeune-Paul*, capitaine Tassin, et celui des hommes d'une barque de l'île d'Yeu, commandée par le capitaine Dupont.

RAPPORT DU PATRON DU « MASSILIA »

SUR LE SAUVETAGE DES NAUFRAGÉS DU *Tyrus*.

Je soussigné, Joseph Métier, pilote, patron du canot de sauvetage le *Massilia,* rapporte que le 10 octobre, à 7 h. du matin, le vent soufflant O. en tempête, mer démontée, j'aperçus un navire trois-mâts barque sous ses huniers au bas ris et son petit foc, le navire en fuite, le cap entre le Pilier et l'Herbaüdière.

La position et la direction suivie devaient fatalement amener un sinistre. Aucune embarcation de pilote ne pouvait prendre la mer, la tempête étant dans toute sa fureur. Nos signaux ne pouvaient être aperçus, je fis alors appel à mes canotiers de sauvetage ; tous répondirent à ma voix.

A 7 h. 1/2, le trois-mâts talonnait sur une roche, dite *les Barjolles,* située au S.-E. du Pilier, à un demi mille environ de cette île ; à peine touché, sa mâture s'abîmait le long du bord ; le flot commençant à monter rendait terrible la position des malheureux qui se trouvaient à bord.

A 8 h. 1/2, le canot de sauvetage monté par les 14 hommes se trouvait lancé sans aucune avarie. Les canotiers étaient :

MÉTIER, pilote, *patron,* — MÉTIER fils, pilote *sous-patron,* — BOUCHERON, Jean, — DAMOUR, Jean, — RENAUD, François, — BOUCHERON, Pitre, — MÉTIER, Jean-Marie, — GALAIS, Joseph, — RAIMONDEAU, Jean-Marie, — IZACARD, Pierre, — IZACARD, Joseph,

— CHARRIER, Pierre, — MÉTIER, François, — et BEILVERT, Charles.

Je tentai immédiatement l'approche du malheureux navire, mais nous avions à lutter contre un vent terrible, une mer déchaînée et un courant d'autant plus rapide que nous nous trouvions dans les grandes marées. Après 2 h. de lutte, voyant que nous culions au lieu d'avancer, je me vis obligé de chercher abri derrière la jetée du port.

A 11 h., je tentai un nouvel effort, qui ne fut pas plus heureux.

Enfin, à 1 h. 1/2, le courant devenant moins fort, mes hommes acceptant de tout tenter pour approcher l'épave, je sortis de nouveau et après une heure et demie de lutte contre les éléments déchainés et grâce à l'énergie déployée par mes hommes, je réussis à approcher de l'épave flottante, reste du navire submergé.

Cette épave consistait en débris de mâture et de vergues séparés les uns des autres et cependant retenus encore par le gréement, au navire sombré. Sur ces débris, neuf hommes nous tendaient les bras et nous faisaient des signaux désespérés.

L'un d'eux, le plus valide, se jeta à la mer et put saisir une ligne que nous lui lancions; les autres pouvaient à peine se remuer, transis qu'ils étaient par le froid et la fatigue.

Sur ces entrefaites, un grain des plus violents accompagné d'une pluie torrentielle vint m'empêcher de distinguer l'épave qui ne se trouvait pas à plus de 30 mètres.

Sitôt le grain passé, je fis forcer sur les avirons et fus assez heureux pour lancer une ligne et établir un va et vient. Six hommes furent sauvés de cette façon en moins de 5 minutes, mais il fallait aller chercher les deux autres plus avant parmi les débris. C'était le capitaine avec un jeune novice.

Après maintes précautions pour éviter un abordage, nous pûmes réussir à lui lancer une ligne qu'il s'amarra autour du corps ; il prit le jeune novice dans ses bras et nous les halâmes à bord. Il était temps; un grain plus fort que les précédents nous rejeta loin de l'épave. N'ayant plus rien à faire au milieu de ces débris, qui devenaient dangereux pour notre sûreté à tous, nous fîmes voile sur la misaine, au bas ris, vent arrière, pour le port de l'Herbaudière, où nous fûmes chaudement accueillis par les membres du Comité local, auxquels je remis les neuf naufragés que nous venions de sauver d'une mort certaine.

Je n'ai eu qu'à me louer de la bonne tenue du canot dans les diverses sorties occasionnées par ce sauvetage; il s'est comporté admirablement; l'eau qui embarquait par l'avant, lorsque nous luttions contre la lame, s'en allait rapidement par les soupapes et, vu l'état de la mer, il sentait encore assez bien sa barre. L'embarcation n'a subi aucune égratignure. Je n'ai à constater que la perte d'un cartahu de sauvetage resté engagé dans les débris flottants.

Mes hommes ont montré une énergie et un sang-froid remarquables et ont fait preuve d'une discipline qui n'a pas peu contribué au succès obtenu.

Le capitaine norwégien Telepsen nous a dit que son navire se nommait le *Tyrus,* de Grimstad, venant de New-York avec blé en vrac et allant à Saint-Nazaire, et qu'il avait perdu trois hommes avant notre arrivée.

En foi de quoi j'ai fait le présent rapport que j'affirme véritable.

MÉTIER.

(Extrait du procès-verbal de la séance du 13 octobre 1878, du Comité local de la Société de Sauvetage).

QUATRIÈME EXCURSION

La pointe de Devin et l'Epine.

Des ânes ou une voiture sont nécessaires, pour cette excursion de plus de trois lieues. Les premiers permettront de faire des pointes dans les dunes et d'y jouir de beaux points de vue sur la mer et sur Noirmoutier.

La cavalcade s'engage dans la basse rue, va rejoindre la Grande-Charraud, et traverse l'étier du Porteau, que remontaient autrefois les embarcations.

A gauche est un triangle, formé au nord par cet étier, au sud par celui du port, et offrant pour base la charraud ; l'angle opposé est le Pont-Maudit.

Est-ce bien le dernier champ de bataille des Vendéens, lors de la prise de l'île par Haxo ? C'était un point facile à défendre, dans un temps où les ponts de la grande route n'existaient pas, et des retranchements avaient été établis du côté de la charraud [1].

Des recherches nouvelles nous le font reporter plus au N., à la Puceraie, entre le Porteau et la ville, dans un terrain vague, où l'on entend la nuit des cris d'*ébraillards* ou d'*âmes en peine*, ce qui se dit de tous les lieux de massacre. C'est l'emplacement d'un jardin et d'une maison tombée en ruines, parce que personne n'osait plus y habiter.

Dubois-Guignardière, chef de la paroisse de Soullans, s'y était réfugié avec une poignée de braves, après avoir refusé la capitulation acceptée au Grand-Pont par Alexandre Pineau et les autres chefs vendéens, capitulation verbale qui ne fut pas reconnue par les représentants du peuple. Embusqué derrière des murs, écoutant tous les bruits du dehors, il attendait que le noir vînt, pour traverser les étiers et gagner la côte. Vendu par un traître, qui, d'après Piet, lui devait la vie [2], il lutta jusqu'à la nuit contre des forces supérieures, arrosant de

(1) Le dernier combat des Vendéens n'a pas dû avoir lieu aux Champs-Poiroux, comme nous l'avions écrit dans la 1re édition. Après les pourparlers du Grand-Pont, les Républicains n'avaient pu laisser derrière eux un poste royaliste non désarmé.

(2) Piet, p. 581 et suivantes.

son sang et de celui de ses compagnons ce lieu témoin de leur dernière lutte.

Lebouvier-Desmortiers a écrit que, resté seul et grièvement blessé, il s'est brûlé la cervelle pour ne pas tomber vivant entre les mains de ses ennemis. H. de la Robrie, témoin oculaire, nie son suicide et affirme l'avoir vu tomber en combattant.

Quant à de la Robrie et aux rares survivants, ils se jetèrent dans l'étier du port, évitèrent les balles du poste du Pont-Maudit, profitèrent de l'obscurité qui vient vite en janvier, et se réfugièrent à l'Épine, d'où ils purent passer au continent.

Le Grand-Pont a peu changé depuis le jour où les parlementaires royalistes vinrent à la rencontre d'Haxo victorieux.

Un peu plus loin, à cent mètres de la route, sont les Champs-Poiroux ou Champs-Pierreux entourés de murs. On y trouve des débris d'ardoises, des ossements, et le sol, quand il est frappé, rend un son creux, comme s'il renfermait des caves. Les chasseurs disent y voir errer, la nuit, des *chandelles* ou *feux follets,* preuve de l'existence d'un trésor caché. Malheur à qui touche à ce que gardent les esprits, il mourra dans l'année ! Des fouilles mériteraient d'y être faites [1].

[1] Les Champs-Poiroux ont une légende de *ventres rouges* ;

De la charraud, on a sous les yeux la vaste plaine de Noirmoutier avec ses champs et ses marais disposés en damier. La vue est bornée au sud par des dunes, au bas desquelles se montrent l'Épine, le Pré-Pelé, la Bosse et Bressuire, puis par les digues qui protègent ce côté de l'île.

Les *cagnots* (nom donné aux ânes et venant de *cagne,* paresse) se suivent en file indienne. Ils font traverser à leurs cavaliers l'étier de l'Arceau au Pont de la Corbe (de *corvus,* corbeau), mot significatif, sur le chemin du *Pré Courtet.*

Après bien des détours, les promeneurs atteignent le village de la Bosse, non loin de la dune Saint-Jean.

Des ormeaux, des tamarix, des figuiers et des mûriers croissent à l'abri du vent, autour de maisons remarquables par leur propreté. Deux moulins dominent le village, et des hauteurs qu'ils couron-

or, les légendes de cette sorte se rapportent aux protestants, à cause de la ceinture rouge qu'ils portaient. D'après de la Pilaye, les Rohan, suzerains de Noirmoutier, auraient fait construire un temple aux Champs-Poiroux, où nous trouvons aussi signalé un fortin. Les substructions peuvent être plus anciennes, car le mot *Campum petrosum* se trouve dans la charte de fondation de la Blanche. Le mot *Mazura* de la même charte se rapporte à des ruines, situées près du moulin de la Houssinière et s'est transformé en Marais-Zureau.

nent, comme de la dune Saint-Jean, on voit l'île d'Yeu, avec son phare et le clocher de Saint-Sauveur.

Bressuire, qui vient ensuite, est renommé pour ses ânes. Il a donné naissance à un poète populaire, Nicolas Vénereau.

Sans instruction, mais bon observateur, Vénereau a chanté tout ce qui se passait sous ses yeux, dans des vers, où le bon sens remplace la rime parfois un peu risquée.

Ses compositions se chantent encore aux noces et aux danses des villages.

Pour lui Bressuire est un pays sans pareil, c'est un *chantier parfait*. Tout s'y trouve réuni, depuis les instituteurs de la jeunesse jusqu'aux médecins. Qu'importe que ceux-ci soient de simples empiriques ou des toucheurs d'écrouelles? Bressuire a un grand avenir, il grandira, réussira (*Bressuire ressuira*).

Beysser, lors de sa conquête de l'île, fit arrêter les jeunes gens de l'Épine, suspects de royalisme; le poète ne manque pas de le rappeler.

> Beysser, l'air tout en colère,
> Nous fit conduire au fort Saint-Pierre.

Un mariage a lieu entre deux vieilles familles; Vénereau en raconte les moindres détails. Il parle des joyeuses *fusillardes*, des *navires couverts de pavillans*, et il a un mot sur tous les invités.

C'est une page d'histoire locale d'autant plus intéressante qu'ici comme ailleurs les vieilles familles s'en vont pour faire place à d'autres s'élevant par leur travail.

Il souhaite aux mariés le bonheur tel qu'il le comprend en ce monde.

Puis il revient sur lui-même ; les muses sont partout de mauvaises nourrices et le chemin du Pinde n'est pas celui du Pactole. Ces mots ne se trouvent pas dans ses poésies; qui les lui aurait fait connaître? Il dit n'être pas instruit, ne savoir pas lire et composer ses chansons *sans plume ni papier, tout de même*. Mieux lui vaudrait de bonnes terres à cultiver.

Si je pouvais faire de froment,
Seulement un boisseau par semaine,
Je serais encore plus content,
Que de m'occuper de *chansans*.

Ailleurs il nous parle du laboureur et du compagnon de ses travaux et, après quelques pointes malignes sur les autres professions et en particulier sur les *faiseurs de procès,* il ajoute à chaque couplet comme refrain :

Avec son âne et sa corde et ses *croux* [1]
Le laboureur fait vivre tout.

[1] Sous le nom de *crou* ou d'*écroux* (de *croc,* crochet), on désigne des espèces de crochets en bois fixés par des sangles des deux côtés de l'âne, pour recevoir la charge de goémon ou de fumier.

Que les vers de Vénereau nous mènent loin des travaux d'endiguement de la pointe de Devin, principal but de notre excursion ! Et cependant tout en philosophant et causant poésie, nous y voici rendus. Nous atteignons la grève au niveau des rochers submersibles du Morin.

La mer est basse ; les Peignes ou Pennes, les Bacheliers, la pointe du Courlion sont à découvert et le Bavard apparaît avec sa tour.

C'est le bon moment pour bien voir l'ensemble des travaux.

Dans ce point, la côte est plate ; aucune falaise ni aucune dune ne la défendent ; il a fallu que l'homme fît tout, et, sans la barrière artificielle, une partie de l'île disparaîtrait sous les flots.

En côtoyant le bas de la chaussée, on se rend bien compte de la première digue d'un kilomètre de longueur, du plan incliné à pierres fortement cimentées, des dix épis se prolongeant au loin dans la mer pour retenir le sable sur leurs angles, des pilotis et des palplanches enfoncés profondément à la base de la digue pour la soutenir, etc. Ces travaux ont été exécutés par M. Boursin, de 1846 à 1857. Ils ont coûté 555,000 fr. (1)

(1) Les travaux de défense sont entretenus et continués par M. Lafontaine.

Au-dessus de la digue, il en est une autre, dite de retraite, construite en terre glaise et plantée de tamarix. Elevée par J.-C. Jacobsen, de 1805 à 1809, elle préserva l'île de l'inondation, alors que la digue de première ligne avait été rompue.

Laissons monter le flot. Du haut de la digue, nous le verrons, par une forte marée, arriver presque jusqu'à nos pieds, tandis que de l'autre côté le niveau des terres en culture est de beaucoup inférieur.

Que le vent souffle en tempête, avec une grande mer, tout l'immense travail semble ébranlé jusque dans ses fondements. L'extrémité des vagues saute par dessus et les embruns volent au loin sous forme de flocons d'écume.

Il faut lire dans Piet les pages effrayantes dans lesquelles un autre enfant du pays, M. Plantier, inspecteur général des Ponts et Chaussées, raconte les émotions de ces nuits terribles, où la population tout entière se porte sur les points menacés. « Partout où les flots blanchissent le sommet des digues, hommes, femmes, enfants, élèvent contre eux de nouvelles barrières. Partout où les dégradations se manifestent, mille bras sont là pour les réparer. Cette lutte inégale et périlleuse, où ces cultivateurs courageux, en butte à toute la violence de la tempête, peuvent être dans un instant culbutés, entraînés, abîmés sous les ondes, dure plusieurs heures et ne se termine que lorsque la mer se retire et laisse à découvert le dommage qu'elle a fait. » ([1])

La Pointe de Devin (en particulier le pré Courtet) passe pour être le lieu de réunion des sorciers, la nuit du samedi au dimanche. Ils y viendraient faire le sabbat, et pour cela allumeraient des feux, autour desquels ils danseraient et festoyeraient, tout en s'occupant des affaires de leur communauté et en poussant de grands cris. Dès que le jour commencerait à poindre, on verrait glisser sur les eaux une barque mystérieuse, où l'on n'apercevrait personne. Une voix en sortirait et crierait : *Embarque, embarque ; allons en Galloway,* et le navire paraîtrait tellement chargé qu'il semblerait près de sombrer. C'est le vaisseau fantôme, la barque qui porte les âmes, dont parlent Procope et les légendes celtiques. L'apparition de l'aube disperserait l'assemblée ([2]).

Tout cela se dit, mais personne ne l'a vu, car, les paysans, dès qu'ils rencontrent, le samedi soir, un sorcier ou un individu prétendu tel, vers le

([1]) Piet, p. 17.

([2]) Les paysans croient qu'il s'agit de la Galilée, ou mieux de la Judée, où les morts seront jugés. N'est-ce pas plutôt du pays des aïeux, où les Celtes retourneraient après leur mort ?

pont de la Corbe, se signent et mettent sur leur tête une motte de terre ([1]).

Des sables peu élevés conduisent à l'anse de Luzéronde, que nous connaissons déjà. A quatre ou cinq cents mètres en mer, sur le seuil de l'extrémité S.-O. de cette anse, au point appelé l'*Hommée*, se voient des substructions importantes ne découvrant que dans les grandes marées de l'hiver, quand le vent porte au large ([2]).

Le trajet de la Pointe de Devin à l'Épine peut se faire par des dunes. On y rencontre des vignes abandonnées, des semis de pins et des plantations d'asperges.

L'asperge sauvage ou *bergouniote* se montre partout ; elle diffère de l'espèce cultivée par ses tiges couchées et moins grosses ; elle est d'un goût parfait.

On peut, chemin faisant, étudier la fabrication de la soude, dans de nombreux fours creusés dans le sable, et celle de la cendre de varech.

Çà et là sèchent au soleil des amas de *petit goémon* ou *goémon blanc*. Le *Chondrus crispus*

([1]) *Causeries sur Noirmoutier*, p. 7 et 8. Les sorciers, disent-ils, ne voient pas entre deux terres.

([2]) Voir notre article *Noirmoutier*, dans *Paysages et monuments du Poitou*, de J. Robuchon.

est recueilli pour son principe mucilagineux employé dans l'industrie; violet à l'état frais, ce varech blanchit par la dessiccation.

L'Épine est une paroisse de 1,400 hab. Sa situation au bas des dunes, l'abritant des vents de S.-O., favorise la végétation des arbres de haute tige, en particulier des ormeaux.

Urbain Commart de Puy-Lorson, père de l'historien de Noirmoutier, affectionnait ce village (1). Il l'avait doté d'une chapelle, détruite en 1793 et remplacée depuis par l'église actuelle. Les habitations sont groupées autour d'une maison bourgeoise, appelée Monplaisir.

Au sud du village, sont des dunes élevées, les moulins de la Martinière et de la Mongendrie (2) et le village des Éloux. La dune du Pé de l'Herce, sur laquelle nous reviendrons, sépare l'Épine de la Guérinière.

Les hommes sont tous cultivateurs et sauniers. Quand le sel est abondant et se vend cher, ils sont

(1) Les Commart se disaient originaires de la paroisse de Ploubalay, aux environs de Saint-Cast, et prétendaient être venus à Noirmoutier à la suite de Pierre de Craon.

(2) Appelé par le *Pilote des côtes de l'Ouest*, le *moulin Zélou*. Le moulin désigné, au N.-E. de l'île, dans le même ouvrage, sous le nom de *moulin de la Grandière*, est celui de la Claire.

dans l'aisance ; dans le cas contraire, ils se trouvent dans une grande gêne. Leurs habitations, habituellement composées d'une seule chambre, sont construites d'après un même type ; des talus sablonneux les entourent et dans l'enclos est creusé un puits sans margelle de trois à quatre mètres de profondeur.

N'est-ce pas le moment de parler des marais salants et de la fabrication du sel ?

Les dernières divisions des étiers ou *branches* s'ouvrent dans des réservoirs appelés *vivres,* où l'eau continue à s'évaporer. Des *coëfs,* ou portes, permettent d'en faire entrer dans le marais, et même dans chaque compartiment, la quantité que le saunier veut y faire pénétrer. Les divers compartiments ou *aires* sont séparés par des *mairées,* petites levées de terre glaise. Des aires, les unes sont simplement destinées à recevoir l'eau pour la concentrer davantage et la transmettre aux œillets ; ce sont les *pièces amettantes.* Dans les autres, *aires salantes,* l'eau arrive à son maximum de concentration et laisse déposer le sel sous forme de cristaux ; elles portent le nom d'*œillets.* Entre les œillets, est ménagée une levée circulaire en terre glaise, appelée *tablette,* où l'on attire le sel, à l'aide d'une sorte de rateau ou *simauge.* Il y est pris dans des paniers et porté sur la tête, en dehors du marais, à l'endroit désigné sous le nom de *tesselier*. Frais tiré, il a une forte odeur de violette, dont il serait intéressant de rechercher la cause. L'hiver, le *mulon* est recouvert de terre glaise, pour le protéger contre la pluie. Le vent est aussi utile que le soleil pour l'évaporation de l'eau et la cristallisation du sel.

De l'Épine, une route carrossable rejoint la ville en s'embranchant sur celle du Gois au-dessus du pont de l'Arceau.

CINQUIÈME EXCURSION.

La Guérinière, Barbâtre et la Fosse.

Une voiture est nécessaire pour cette excursion. De Noirmoutier à la Guérinière, 4 kil. 1/2 ; à Barbâtre, 10 kil.; au Gois, 12 kil.; à la Fosse, 17 kil.

De Barbâtre, on peut aller à Beauvoir par le Gois (voir p. 46), à la Barre-de-Monts, par la Fosse et le petit bateau (p. 62), et de là à l'île d'Yeu, par le bateau-poste, partant de l'Embarcadère, chaque jour, à heures variables.

La route de Noirmoutier à la Guérinière a été décrite (p. 61). Elle arrive dans ce village long d'un kilomètre et demi, perpendiculairement à sa principale rue, laissant à droite la Verdonnerie et, plus près de la côte, le Bot et le Fier, en lutte avec la mer et le sable. Le Bot a déjà reculé devant l'envahissement des dunes, comme les Éloux placés plus près de l'Épine.

Le Bot et le Fier sont situés près d'une pointe, appelée la pointe de la Loire, quoiqu'elle n'ait aucun rapport avec le fleuve nantais. En avant sont des rochers du même nom et, sur une dune, un moulin que la mer a déjà plusieurs fois entouré et dont la base est fortifiée par une digue ([1]).

Sur ce point, les sables sont aussi redoutables que les flots ; ces petits villages, véritables nids de verdure, sont sans cesse menacés par eux.

Le vent attaque en tourbillon le sommet des dunes et creuse une sorte de cirque portant le nom de *ventouse*. Une fois la brèche faite, il pénètre dans le monticule et le projette comme une trombe sur un autre point.

Il faut se hâter d'abattre un des côtés du cirque, de faire à la dune un nouveau sommet. On enfonce des planches ou des claies pour retenir le sable et on essaie de gazonner en semant des herbes traçantes, dont les graines sont momentanément protégées par des ajoncs coupés.

Il y a 60 ans, l'envahissement des sables devint tel que les terres voisines des dunes tombèrent à

([1]) Celui du Pulang a été enlevé par la mer.

Les *moulins Nicou* sont entre la Guérinière et le four à chaux, le *moulin de la Cour*, à toiture rouge, entre la mer et la partie du village portant le nom de la Cour, parce que là se tenaient les grandes assises de l'île.

20 fr. la boisselée (12 ares 50) (¹); beaucoup furent abandonnées. On comprend combien est grand le service rendu par l'Administration des Forêts, dont les travaux ont changé l'aspect de ces sables arides.

Les travaux de fixation des dunes par le gazonnement et les semis de pins ont été exécutés de la façon la plus intelligente, sur cette partie de la côte, par M. E. Raimbault, garde-forestier. Partout où le sable est mobile, se montrent, de la pointe de Devin à celle de la Loire, des palissades en planches le faisant monter et que l'on élève au fur et à mesure que la dune se forme.

Des claies verticales plantées en arrière des palissades servent à retenir aussi le sable et à former des crêtes.

Dès que la chose devient possible, ce terrain mouvant est semé de festuque, de calamagrostis ou *duréa,* de luzerne; plus tard d'ajoncs et de pins (²).

(¹) Le *colon* ou cultivateur donne au propriétaire, par boisselée et par an, un boisseau, soit 80 litres de blé, de seigle ou d'orge, suivant la nature de la terre. Les locations sont annuelles et verbales et les colons s'y succèdent de père en fils.

(²) Pour exécuter les semis, le terrain est défoncé à une profondeur de 0 m. 40 c.; les bandes cultivées ont 1 m. 20 c. et alternent avec des bandes incultes de 2 m.

On emploie 15 kilog. de graines de pin maritime et 50 litres de

Un des meilleurs moyens d'obtenir la fixation des dunes, mais non le plus facile, c'est d'empêcher le pacage et d'autre part l'arrachement des immortelles.

Si les semis réussissent, comme tout le fait prévoir, ils rendront d'immenses services. Après avoir fourni du travail à la partie nécessiteuse de la population, ils empêcheront l'envahissement des

glands de chênes verts (*Quercus Ilex*), par hectare, et l'on recouvre les semis de 500 fagots d'ajoncs employés brin à brin.

Le prix de l'hectare s'établit comme suit :

500 fagots d'ajoncs à 22 fr. le cent...............	110 f
Transport à pied d'œuvre à 3 fr. le cent...........	15
Préparation du sol, 36 journées d'hommes à 2 fr....	72
Couverture et semis, 20 journées de femmes à 1 fr. 20.	24
Récolte de 50 litres de glands dans les bois de l'État.	2
Total............	223 f

Outre les travaux ci-dessus, il en est d'autres d'une grande utilité qui ont pour but de régulariser les dunes littorales et de leur créer *un pied artificiel*, aux points attaqués par les grandes marées, à la pointe de Devin, par exemple. On y réussit au moyen de cordons consistant en fagots placés les uns sur les autres entre une double rangée de piquets de 3 m. de hauteur; le tout est consolidé à l'aide de fils de fer et disposé de façon à ne pas être enlevé par la mer. On a empêché par ce moyen les flots de continuer à ronger la base des dunes les plus menacées.

terres arables par le sable et assureront pour plus tard du bois de chauffage.

L'escalade de la cime du Pé de l'Herce, dune qui recouvre l'ancien village des Éloux, est une des plus intéressantes promenades à faire. C'est en 1810 que les derniers habitants des maisons envahies par les sables transportèrent leurs pénates au lieu où se trouve le village actuel [1]. Du sommet, on voit l'île entière, la mer de tous côtés (en particulier à l'est et à l'ouest de la Tresson), la côte de Préfailles, celles de la baie de Bourgneuf, Beauvoir, la Barre-de-Monts et enfin l'île d'Yeu dont, à l'aide d'une longue vue, on reconnaît les détails.

Au Bot, commence la digue de Pulang fortifiée par des tamarix et s'étendant jusqu'à la Guérinière.

La mer se retire, dans les grandes marées, à 2 kil. sur cette grève de 200 m. de largeur ; on peut, avec prudence, s'avancer vers le large à 1 kil. 1/2 ; on y rencontre des creux où, sous l'in-

[1] On est loin d'être d'accord sur l'étymologie du Pé de l'Herce ou de l'Herse. D'après quelques anciens, la dune aurait recouvert un puits à eau excellente et s'appelant le puits de l'Herse. Pé paraît bien plutôt employé dans le sens de hauteur. D'après M. J. Laurent, *être hercé* veut dire être fatigué, harassé. (*Y sé hercaïe ;* je n'en puis plus.) Le mot Herce se rattacherait donc à la fatigue occasionnée par l'ascension du monticule. F. Piet appelle la cime des dunes de cette région le *Pas de l'Ane.*

fluence du soleil, l'eau atteint une température élevée.

Cette plage offre d'excellentes conditions pour les bains et pour la pêche de la chevrette et des poissons. Ces derniers se prennent à la senne.

Des baigneurs trouvent à la Guérinière des maisons très propres et meublées d'une façon suffisante.

La population est d'environ 1,250 habitants, qui joignent à la culture du blé et à la fabrication du sel, la pêche et la navigation. Ils n'ont cependant pour port, au nord-est, que le Bonhomme, simple éperon d'une digue. Sur la côte ouest, ils échouent leurs bateaux dans les écluses, et en cas de mauvais temps les amènent à terre.

Les travaux d'endiguement au niveau du village sont insuffisants pour le protéger contre les tempêtes du sud-ouest.

Plusieurs fois la mer y est arrivée avec un courant d'une rapidité extrême, presque toujours la nuit, envahissant l'église, la cure et les habitations voisines.

Le 27 octobre 1882, elle est montée à 45 centimètres dans les maisons, réveillant les habitants en sursaut et allant se perdre dans les marais voisins. Le vent ayant tourné brusquement, la digue des Isleaux, du côté N.-E., fut renversée à son tour et les deux flots marchèrent à la rencontre l'un de l'autre. Si l'on n'y prend garde, l'île sera coupée quelque jour. Les baigneurs, qui ne voient Noirmoutier qu'en été, ont peine à comprendre comment les flots peuvent avoir une pareille force dans leurs jours d'aveugle furie.

Au delà de la Guérinière, l'île n'a plus que 1 kilomètre de large. L'isthme de la Tresson est formé du côté de la baie par les desséchements Jacobsen et, du côté de l'Océan, par des dunes couvertes d'immortelles, d'œillets, de petites linaires jaunes et de calamagrostis.

Vers le milieu de la partie rétrécie, est bâtie dans la dune, la ferme de la Tresson, sorte de ruche, où habitent les cultivateurs du desséchement ; elle est composée de maisonnettes réunies autour d'une cour commune.

Une colonne en marbre noir, à base de granite et surmontée d'une urne, a été élevée, en octobre 1873, au milieu de cette cour. Elle est entourée de bornes de granite unies par des chaînes et porte l'inscription suivante :

A LA MÉMOIRE
DE M. AUGUSTE JABOBSEN,
FONDATEUR DES DESSÉCHEMENTS DE LA GRANDE BRILLE (1829)
ET DE LA TRESSON (1833 ET 1834),
ÉDIFIÉE
PAR MM. LES ACTIONNAIRES.

La Maison-Rouge ([1]), hameau d'une vingtaine de feux (4 kilomètres 1/2 de la Guérinière), apparaît au milieu d'un véritable bosquet de peupliers et de saules.

Entre ce hameau et la mer existait autrefois un bois d'ormeaux, délicieuse promenade pour les Barbâtrois, le bois du Paradis. Une tempête de sable l'a fait disparaître. Elle a dû être subite, car elle a englouti des maisons, dont on a retrouvé, il y a une trentaine d'années, les murs et la charpente, près du moulin dit de la Potence, qui lui-même a disparu.

Jules Piet fait allusion à cet événement dans une note ajoutée aux *Recherches* de son père. « En 1763, par un seul ouragan, plus de dix maisons de la paroisse de Barbâtre furent ensevelies sous les sables, et l'on voyait encore, vers la fin du XVIIIe siècle, le sommet d'un moulin à vent, qui y fut englouti, comme le monument irrécusable de cet affreux événement. »

Barbâtre (1,774 habitants), chef-lieu de la seconde commune de l'île, est situé à 1/2 kilomètre de la Maison-Rouge. Il se compose du bourg de Barbâtre, du Bois-Gaudin séparé par une croix blanche et des Onchères, qui se suivent sans interruption pen-

([1]) Ce nom indique l'emplacement d'une maladrerie.

dant deux kilomètres. Il est adossé à des dunes, sur le fond desquelles se dessinent de blanches maisons, des jardins plantés d'arbres et des meules de paille. De l'autre côté, il a vue sur la plaine, qui porte son nom.

S'étant fortement prononcé pour le parti royaliste, il fut, en 1794, condamné par le Comité du Salut public à être détruit. Grâce à de nombreuses supplications, on épargna un côté du bourg; l'autre, sous le prétexte qu'il masquait la plaine et protégeait la marche de l'ennemi, fut renversé de fond en comble ([1]).

L'origine du nom de Barbâtre (autrefois Barbastre *Barbastrum, Sanctus Nicholaus de Barbastro*), est discutée. F. Piet le faisait dériver du celtique : *Barren,* barre, ou port, et *barte,* bouquet de bois ([2]). Ce nom se trouve dans d'autres départements, en particulier à Reims, où l'on y voit la traduction des mots *Barbarorum atrium*. Impost, qui acceptait cette étymologie, écrit dans ses notes (nous ne

([1]) Piet, p. 76. — Les Barbâtrois célèbrent la fête de saint Sébastien avec une grande solennité; aucun d'eux ne se livrerait pendant ce jour à un travail servile, par suite d'un vœu, ayant amené la disparition subite d'une affection pestilentielle qui les décimait.

([2]) Le mot *barre* employé dans le sens de port se retrouve dans la Barre-de-Monts et la Barre-Raguideau.

savons d'après quel document), qu'Honorius y avait établi un poste de Taïfales.

Une famille Barbâtre (*de Barbatra*), est citée dans les chartes de Beauvoir, du XIIIe au XIVe siècle ; elle contribua à reprendre l'île de Bouin sur la mer.

Barbâtre a été longtemps la résidence d'une partie des gens aisés, fuyant le voisinage du château. Presque toute la vieille bourgeoisie de Noirmoutier en est originaire (¹).

Sur la côte sud-ouest s'étend une belle plage, la Grande-Arée, un peu rapide au moment du flux, presque horizontale à basse mer, mais avec des dépressions subites, qui ne la rendent pas sûre. On y fait de belles pêches aux turbots. Dans le sable vit un coquillage à goût très fin, le *pignon* (*Donax anatinum*).

Nous ne conduirons pas de nouveau le lecteur au Gois. Les deux kilomètres qui en séparent les dernières maisons du bourg ne présentent rien à noter.

Si l'on s'engage dans la partie qui porte le nom des Onchères (et non des Jonchères, comme dit le

(¹) Nous ne pouvons quitter Barbâtre sans rappeler le nom d'un de ses fils, M. l'instituteur Simoneau, membre de la Société des Antiquaires de l'Ouest et qui a beaucoup écrit sur le Gois et le sud de l'île.

Guide Joanne), on arrive bientôt à la Frandière ([1]), gros village situé dans les sables et séparé de celui de la Fosse par une croix verte.

Josse Herstefel, ancien gouverneur, construisit à la Fosse une chapelle sous le vocable de Notre-Dame du Refuge. Il n'en reste plus de traces.

Une sorte de pardon ou de *proveil* d'abord religieux, puis transformé en réunion de danse, se tenait à la Fosse le jour de la Saint-Etienne ; il a cessé d'être suivi.

Une estacade attend le canot à vapeur qui devra faire le service entre cette pointe et la Barre-de-Monts, et correspondre avec le tramway de Challans.

De nombreux polders conquis par les familles Boucheron, Lebreton, Jacobsen et autres ont augmenté la partie sud de Barbâtre.

On aperçoit, de la pointe, la Barre-de-Monts, son embarcadère et les tours de Boisvinet indiquant l'entrée du Goulet.

Si l'on veut aller à l'île d'Yeu, il faut se faire transporter à la Barre par le canot du passeur, avant l'arrivée du steamer.

Chaque matin, le bateau-poste part de Port-Joinville et touche à la Barre, pour en repartir presque aussitôt. Le service est aussi régulier que possible ;

([1]) La Frandière est appelée Férandière dans de vieux titres.

le trajet, d'environ 24 kilomètres, se fait en deux heures.

Le *Rover* quitte l'île d'Yeu, le 3e ou 4e jour après la lune, à 5 heures du matin, et le continent, à 8 heures 1/2; chacun des jours suivants, il offre 3/4 d'heure de retard. Tout cela, sauf l'inspection, les nettoiements de la chaudière, les incidents imprévus. Il est alors remplacé par un bateau à voiles, sujet aux caprices de la mer et du vent.

Il est sage de demander par dépêche (*réponse payée*) au capitaine si le vapeur fera le trajet le jour, où l'on compte partir, et à quelle heure il quittera la Barre.

Trois jours, compris l'aller et le retour, suffisent pour voir l'île d'Yeu. Les points les plus intéressants sont : la ville (Port-Joinville), le bourg (Saint-Sauveur), le grand phare, le sémaphore, la côte ouest, le vieux château, la Meule et la Pierre-Tremblante.

Le splendide spectacle des hautes falaises, battues par la *mer sauvage,* ne vous fera regretter ni votre temps, ni votre argent, ni même le tribut presque obligé que vous serez forcé de payer aux *braillards* et autres lutins des flots ([1]).

([1]) Viaud-Grand-Marais et Ménier : *Excursions botaniques à l'île d'Yeu,* et J. Richard : *L'île d'Yeu d'autrefois et l'île d'Yeu d'aujourd'hui.*

CHAPITRE VII.

Bains de mer, Bains de sable et Source minérale.

BAINS DE MER.

Noirmoutier offre presque partout des endroits favorables aux bains, du moins à certaines heures de la marée [1].

Sur la côte N.-E. sont des plages à l'abri du vent et à sable fin ; à la Guérinière, à Barbâtre, de longues grèves à faible inclinaison, qui rivalisent avec celles de Saint-Jean-de-Monts et des Sables-d'Olonne. Au Vieil, la côte présente des flaques d'eau peu profondes laissées par la mer entre les rochers ou les murs des écluses à poissons.

Trois conditions répondant à des indications différentes se trouvent donc réunies à Noirmoutier. On

[1] L'anse de Luzéronde est dangereuse à cause de sa grande obliquité.

peut y prendre à volonté le bain de vagues, fortement excitant et qui vaut une douche, avec la salure de l'eau en plus; le bain à faibles lames plus agréable et mieux supporté; enfin le bain à eau dormante, tiédie par les rayons du soleil, le seul toléré par certaines natures nerveuses et délicates.

La Guérinière et le village de la Fosse reçoivent quelques familles, attirées par leurs plages et la vie à bon marché. Le Vieil a ses fidèles, cherchant l'isolement et les plaisirs de la pêche. L'Herbaudière, offrant des conditions analogues, plaît aux amateurs de canotage ; mais pour la masse des baigneurs, les véritables plages de bains sont celles du N.-E., à douce inclinaison, à sable solide, parce qu'il repose sur une couche profonde de galets, à mer tantôt calme, tantôt modérément agitée ; elles permettent le bain à toute heure et offrent avant et après, les distractions de la promenade sous bois.

Ces grèves, favorisées entre toutes, commencent au Sableau et finissent à la Claire. La plage du Sableau, qui partout ailleurs serait recherchée, est relativement délaissée, parce que les routes par lesquelles on la rejoint sont moins carrossables que celle du Bois. Elle offre cependant à son extrémité nord, sous l'ancien fort Saint-Pierre, un des endroits les plus favorables pour les bains. Il sert de lieu de baignade aux soldats.

L'anse de la Claire est splendide ; son sable est fin, mais la mer y est parfois très forte et des piquets avec des cordes seraient nécessaires. Elle n'est pas très sûre pour la natation. Combien de stations balnéaires cependant s'en contenteraient ! Elle a ses habitués tenant à ne pas se mettre à l'eau avec la foule des baigneurs.

L'anse des Souzeaux a été longtemps préférée à celle des Dames. Elle est comme elle entourée de bois et de plus bordée de chalets (*Saint-Pierre, Saint-Filbert, les Souzeaux, l'Ave-Maria*, etc.) La mer y tire un peu de fond par certains vents, surtout au voisinage de la pointe du Tambourin. On évite cet inconvénient en se mettant à l'eau vers le milieu de la crique, ou plus près de la pointe du Cob.

Nous ne pouvons revenir sur ce que nous avons dit de l'anse des Dames, la meilleure de toutes, la plus abritée et la plus sûre.

Les nageurs éviteront néanmoins de dépasser les pointes à cause des courants. Ils devront noter que si l'anse est bien garantie contre les vents de presque toutes les directions, elle ne l'est pas contre ceux de N.-E., soufflant rarement avec force en été. Quand il en est ainsi, le baigneur doit se tenir près du rivage et ne pas s'éloigner des cordes. Il est regrettable qu'un canot monté par un bon nageur ne soit pas près des baigneurs pour leur porter secours. Cette mesure, dont chacun comprend l'urgence et qui est réclamée pour tous, ne peut tarder à être prise.

Deux rangées de cabines sont établies sur le sommet de la côte, et un abri, construit en avant du restaurant, ou casino, permet de jouir, à l'ombre, du spectacle animé de la grève.

Prix des bains :	Cabine	0 f.	25
	Location de costume	0	30
	Serviette	0	10
	Bain de pieds chaud	0	10
	Bain chaud, linge compris	2	»

Les baigneurs prennent en location des chalets au Bois, ou trouvent en ville des maisons garnies proprement tenues et à prix modéré.

Tant que les Noirmoutrins jouissaient seuls de leurs plages, ils avaient l'habitude de ne se baigner qu'à marée descendante à cause des débris amenés par le flot. Parmi ces corps flottants nagent de petites méduses ou orties de mer, bien désagréables par les démangeaisons auxquelles elles donnent lieu.

« L'animal, écrit Moquin-Tandon, représente une jolie ombrelle brune, découpée et festonnée, avec un gros pédicule et des bras nombreux, longs et rubanés, qui forment après elle une chevelure flottante, d'autant plus dangereuse qu'elle est presque diaphane. Quand on s'embarrasse imprudemment au milieu de ces filaments empoisonnés, on sent bientôt des douleurs aiguës insupportables. La méduse, en fuyant, abandonne souvent ses cheveux, qui se détachent. Ces derniers, quoique isolés, agissent toujours comme si l'animal était présent et comme s'il voulait se venger de leur séparation.

» Les organes urticants sont des coques très petites disséminées dans leur peau, sur laquelle elles forment des saillies plus ou moins tuberculeuses. On les observe surtout à l'extrémité ou le long des tentacules. Ces coques sont dures, diaphanes et doublées d'une membrane mince et flexible. Au fond de leur cavité se trouve un fil long et ténu, enroulé sur lui-même pendant le repos. Ce fil peut sortir de la bourse, et l'on voit alors à sa base une ou plusieurs pointes aiguës en forme de dards. Ces poignards microscopiques, probablement creusés d'un petit canal, sont portés par une glande qui sécrète une sorte de venin. C'est avec ces petits appareils que les méduses, dont le tissu est si faible, si délicat, et l'intelligence si obtuse, si bornée, peuvent se défendre et même attaquer [1]. »

Aujourd'hui on ne fait plus attention à l'heure de la marée, et les acaléphes, dont on vient de parler,

[1] *Le Monde de la mer*, par Alfred Frédol, p. 157.

doivent être rares sur nos côtes, car on ne s'en préoccupe pas. Il est d'usage de se mettre à l'eau de 3 à 6 heures, tout dépendant du moment du déjeuner et des cabines libres.

BAINS DE SABLE.

Le bain de sable ou l'arénation est un des meilleurs moyens de combattre le rhumatisme chronique. Il produit une sueur abondante, s'échappant par tous les pores.

Choisissant des dunes rapprochées de la mer, on creuse en plein midi une fosse exposée aux rayons du soleil et dans laquelle on couche, deux heures après, le patient, le recouvrant de 5 à 6 centimètres de sable surchauffé. On le laisse dans cette position, la tête recouverte d'une ombrelle, tant qu'il peut la supporter.

A sa sortie, il est frictionné avec une couverture de laine, et mis au lit, afin d'y reposer jusqu'à cessation de la sueur. On lui fait prendre alors un bouillon ou un verre de vin généreux.

Les sables de la Claire, de Luzéronde, de l'Épine, de la Tresson et de la Fosse sont très favorables à cette médication, tombée en désuétude, malgré sa véritable valeur.

SOURCE MINÉRALE.

La source minérale, *Puits Pignolet* ou *de la Passe,* est située à trois cents mètres de la ville sur le chemin du bois de la Chaise; à quatre cents du puits d'Aquenette, qui fournit une eau excellente pour la boisson et les usages domestiques.

Elle est entourée de fossés, dont l'eau jaunâtre est couverte de pellicules irisées; elle est loin de tout marais salant.

Le fonds du puits est une argile compacte, jaunâtre, mélangée de mica; la source en jaillit perpendiculairement, avec abondance.

L'eau est reçue dans un bassin de 5m30 de profondeur, où elle se maintient à une hauteur de 4 à 4m50. Sa limpidité est parfaite; son goût fade et magnésien; son odeur nulle; sa densité peu supérieure à celle de la plupart des eaux potables.

Elle se conserve longtemps sans altération.

La source pourrait donner plus de 900 litres par jour. On voit nager à sa surface des pellicules irisées; elle ne pétille pas quand on l'agite et ne fournit d'autres bulles sensibles que celles de l'air atmosphérique qui s'y interpose pendant l'agitation.

Chauffée avec précaution, elle laisse échapper de l'acide carbonique et, si l'évaporation n'est pas faite avec ménagement, de l'acide chlorhydrique résultant de la décomposition de chlorures (¹).

Creusé depuis fort longtemps par les habitants, à la recherche d'une source potable rapprochée de la ville, ce puits fut abandonné à cause de sa saveur désagréable.

On le rouvrit de nouveau vers 1750, croyant toujours trouver ce que l'on cherchait, mais le liquide ne fut pas reconnu meilleur.

Cependant un médecin nommé Jeffrée déclara que cette eau était médicamenteuse. Il en prescrivit l'usage à plusieurs malades, qui s'en trouvèrent bien.

Pendant la Révolution, la source minérale retomba dans l'oubli.

Elle fut retrouvée par hasard en 1804, par Pignolet, officier de santé attaché à l'hôpital militaire, et par F. Piet, alors maire de Noirmoutier.

Pignolet l'essaya à l'aide du cyanoferrure de potassium et obtint la couleur bleue, signe de la présence du fer.

Le puits fut mis en état d'être utilisé et l'eau, analysée par Hectot, reconnue chlorurée, magnésienne et ferrugineuse.

(¹) Fr. Piet. *Découverte et analyse d'une eau minérale salino-ferrugineuse,* 1810.

Administrée à divers malades, elle donna d'excellents résultats, non seulement comme ferrugineuse, mais aussi par le fait de sa composition saline.

De jeunes femmes lui attribuèrent les joies longtemps désirées de la maternité, et l'on vit disparaître, sous son influence, des affections rebelles de la peau, tenant à l'atonie de l'organisme.

Actuellement le puits Pignolet est entouré d'un mur circulaire de 2m50 d'élévation et recouvert d'un toit dans lequel ont été ménagées deux ouvertures pour laisser passer l'air. Il est muni d'une porte permettant le puisage [1].

Les principes minéralisateurs de l'eau de Pignolet sont les chlorures de magnésie, de soude et de chaux, des carbonates et des sulfates terreux, en petite quantité, et du carbonate de fer.

Depuis Hectot une nouvelle analyse a été faite, en 1850, par Bobierre et Moride et publiée à la suite

[1] Le puits de Pignolet est dans un état tel qu'on ne peut songer pour le moment à l'utiliser. Il serait facile, même sans y établir une buvette, comme on en voit dans toutes les stations d'eaux, d'en tirer parti, à peu de frais. Il suffirait de le nettoyer et de le mettre à l'abri des immondices que les enfants se plaisent à y jeter, en le fermant avec une porte dont la clé serait déposée dans une maison voisine. La gardienne accompagnerait les buveurs, moyennant une faible rétribution.

de leur travail sur les eaux minérales de la Loire-Inférieure.

Comme toutes les eaux d'une certaine valeur, l'eau de Pignolet ne peut être prise à toute dose, dans toute circonstance et sans conseils.

ERRATUM.

P. 93 *Chroolepus* et non *Chroolopus*.

TABLE

INTRODUCTION 5
CHAPITRE I. — Statistique 7
CHAPITRE II. — Histoire........................ 17
CHAPITRE III. — Divers moyens d'atterrir à Noirmoutier.................................. 33
Voie du Gois....................................... 33
Voie de Fromentine............................. 63
Voie de Pornic.................................... 65
CHAPITRE IV. — La ville et le port de Noirmoutier...................................... 74
Passes de l'entrée du port 84
CHAPITRE V. — Le Bois de la Chaise et le Pélavé. 87
CHAPITRE VI. — Excursions et promenades..... 103
1re EXCURSION. — L'entrée du Port et le Sableau.............................. 104
2e EXCURSION. — Le Vieil, la Magdeleine et la Blanche.............................. 112
3e EXCURSION. — L'Herbaudière et le Pilier.. 122
4e EXCURSION. — La pointe de Devin et l'Epine. 138
5e EXCURSION. — La Guérinière, Barbâtre et la Fosse.............................. 150

Chapitre VII. — Bains de mer, de sable ; source minérale.............................. 162
Bains de mer.............................. 162
Bains de sable.............................. 167
Source minérale.............................. 168

ANNONCES

Mme Ve Camille Mellinet, imp. — L. Mellinet et Cie, sucrs.

A NOIRMOUTIER

EN VILLE

Chez M. Aimé BRISSET, place de l'Hôtel-de-Ville ;
— Mme ve THARAUD, rue Entre-deux-Places ;
— M. BERTRAND, Grande-Rue.

A LA GUÉRINIÈRE

Chez Mesdelles DELAVAU.

AU BOIS DE LA CHAISE

Chez M. Aimé BRISSET, au Chalet du Rivage ;
Au phare des Dames et au Casino.

A BARBATRE

Chez Madelle C. RABALLAND.

A PORNIC

Chez Mme PIGEARD, libraire, place de l'Eglise.

A NANTES

Chez les principaux libraires.

www.ingramcontent.com/pod-product-compliance
Ingram Content Group UK Ltd.
Pitfield, Milton Keynes, MK11 3LW, UK
UKHW031841260826
14628UKWH00002B/507

9 782013 044943